Wohnen heute

*Housing today*

Arno Lederer, Jórunn Ragnarsdóttir

# WOHNEN HEUTE
*HOUSING TODAY*

Karl Krämer Verlag Stuttgart + Zürich

Die Deutsche Bibliothek – CIP-Einheitsaufnahme

**Wohnen heute** / Arno Lederer; Jórunn Ragnarsdóttir. –
Stuttgart; Zürich: Krämer, 1992
  ISBN 3-7828-0616-6
NE: Lederer, Arno; Ragnarsdóttir, Jórunn

© Karl Krämer Verlag Stuttgart + Zürich 1992
Alle Rechte vorbehalten. All rights reserved
Übersetzung ins Englische: Peter Green
Umschlagentwurf: Erwin Karl Mauz und Jórunn Ragnarsdóttir
Druck: Heinrich Fink Offsetdruck
Printed in Germany

ISBN 3-7828-0616-6

# Inhaltsverzeichnis

# *Introduction*

Kaum eine Nutzung hat so vielfältige Erscheinungsformen wie das Wohnen. Das macht die Sache nicht ganz einfach, wenn man in einem nicht zu dicken Buch eine Übersicht liefern will, was an unterschiedlichen Häusern zum Wohnen in den letzten Jahren entstanden ist. Eine Auswahl scheint zufällig, zu groß ist die Vielfalt.

Der Grund dafür mag sein, daß Bücher über das Thema sich einer bestimmten Wohnform annehmen, wo es dann immer noch genügend Unterscheidungsmerkmale gibt. Es kann aber auch ein Reiz darin liegen, im unmittelbaren Vergleich Gebäude zu betrachten, die aufgrund jeweils anderer Bedingungen so geworden sind. Diese Bedingungen, die durch den Ort, die ökonomischen und ökologischen Voraussetzungen, die technischen Grundlagen, dem Material und vielem mehr ein Gebäude bestimmen, scheinen in den letzten Jahren an Zahl und Einfluß zugenommen zu haben. Die Architektur hat sich in dieser Hinsicht geändert. Sie reagiert feiner und erfrischend unterschiedlicher auf die Gegebenheiten.

So waren bis vor wenigen Jahren die ökologischen Aspekte für die Architekturform kaum von Belang. Die Energiekrise der siebziger Jahre hat zwar nicht grundsätzlich zu neuen Gebäudeformen geführt, jedoch zu einem sensibilisierten Umgang mit dem Problem Energie und den dafür in der Gebäudeform sich auswirkenden Maßnahmen. Bei manchen Gebäuden beschränkt sich das auf »ideelle« Verbesserungen. Ein Wintergarten allein führt natürlich nicht zu einer gewollten Energieeinsparung, denn ein aufwendig gestalteter Glasanbau verbraucht zu seiner Herstellung mehr Kosten und Energie, als sich damit einsparen läßt. Die Bemühungen um neue Erscheinungsformen, die sich aus wissenschaftlichen Erkenntnissen zu dem Thema ergeben, sind vermutlich erst am Anfang.

Das trifft auch zu für die zum Bauen verwendeten Materialien. Die Experimentierfreude der sechziger und siebziger Jahre, mit neuen Stoffen andere Gebäude zu entwickeln, als die herkömmlichen, ist nicht mehr zu beobachten. Dagegen klingt in vielen Projekten eine Hinwendung zur sorgfältigen Auswahl umweltverträglicher Materialien an. Darüberhinaus gibt es immer mehr Projekte, die ausschließlich aus Baustoffen bestehen, denen eine gesundheitsschädigende Wirkung nicht nachgesagt werden kann. Bei diesen Gebäuden ist aber auch zu beobachten, daß sie einer bestimmten Formensprache unterliegen. Oft wird der rechte Winkel vermieden, ländliche wie auch historisierende Stilelemente bestimmen die Erscheinung. Mit der zunehmenden Kritik an umweltbelastenden Materialien, der Frage woher und wohin Baustoffe kommen und wie sie entsorgt werden, wird auch das Image und damit die Formensprache des »Bio« hauses sich verändern.

In Ballungsgebieten ist ein weiteres Thema für Architekten interessant geworden: Der immer teurer werdende Baugrund läßt Grundstücke zur Bebauung reizvoll werden, die vor nicht geringer Zeit als unbebaubar oder uninteressant erschienen. An diesem Beispiel wird deutlich, wie mit der Zunahme der Randbedingung, also dem kleinen oder gar kleinsten Grundstück, die Anforderungen an den Architekten steigen. In diese Reihe gehören auch An- und Umbauten, die inzwischen wichtige Architekturaufgaben in hochverdichteten Stadtgebieten geworden sind. Daß aus dieser Problematik spannende Gestaltungsaufgaben geworden sind, belegen die immer zahlreicher werdenden Beispiele.

Ein sensibilisierter Umgang kann aber auch dort festgestellt werden, wo es um die Frage der Architektursprache geht. In einer Epoche der Beliebigkeit erscheint vielen Bauherren wichtig, was ihr Haus aussagt und welche Mittel Architekten dazu einsetzen. Sie wollen Gebäude, die einen kulturellen Anspruch ihres Besitzers verdeutlichen. Damit wird die Frage nach dem Stil gestellt, den die Architektur lange Jahre umgangen hat. Denn gut funktionierende Grundrißorganisation muß nicht auf Kosten des Inhalts, oder einer sinnvollen Konstruktion gehen. Das ist nach wie vor wichtig. Das Haus soll aber mehr bieten: es soll eine individuelle Aussage haben. Daß es daneben immer noch schöne Beispiele der »Moderne« gibt, spricht für eine Vielfalt. Über viele Jahre der jüngsten Baugeschichte hinweg war die Formensprache des Wohnbaus sehr einseitig.

Ein Merkmal, das vor Jahren noch fast ohne Bedeutung für die Architektur war, ist der Ort, an dem das Gebäude entstehen soll. Viele Häuser beziehen ihre Gestalt aus dem Grundstück und seinen örtlichen Randbedingungen. Im Spiel mit den nachbarlichen Beziehungen von Architekturen, wird die Notwendigkeit einer Zwiesprache mit der Umgebung deutlich. Dabei ist es gleich, ob die Umgebung eine gebaute ist, oder es sich um die Einbindung in die freie Natur handelt. Das ist nun kein spezifisches Problem des Wohnens, hat aber natürlich rückwirkend einen Einfluß darauf. Die Antwort auf den Ort kann dabei auf zweierlei Arten erfolgen: als Einordnung oder als gegensätzliche Position. Der Ort ist dabei räumlich klein. Unterschiede, die sich auf Grund einer anderen geographischen Lage, durch Klima, Kultur, Sozialstruktur und so weiter ergeben, bestimmen weniger die Gestalt, als man zunächst annehmen mag. Viele der Beispiele könnten genausogut in einem anderen Land, diesseits oder jenseits des Ozeans, stehen.

Anders als die eben beschriebene Entwicklung verändern sich die Wohnformen nur träge. Es gibt bei neuen Wohnformen, wie etwa denen von Wohngemeinschaften oder der des gemischten Wohnens von Alt und Jung kaum Beispiele, die man neuen Architekturen zuordnen könnte. Das ist bedauerlich, denn Architekten haben sich am Anfang der Moderne vehement mit sozialen Problemen beschäftigt. Daraus sind Gebäudeformen entstanden, die in vielen Bereichen noch heute als vorbildlich angesehen werden. Vielleicht liegt es aber auch daran, daß Menschen, die sich zu neuen Wohnformen zusammenfinden, nicht zu dem Klientel gehören, das sich Architektur »leisten« kann.

Es gibt auch interessante Ansätze der Verbindung der leider so oft getrennten Funktionen von Wohnen und Arbeiten. Hier entwickelt sich eine Bauaufgabe, die für die Familie den Rahmen zu einem harmonischeren Zusammenleben abgeben kann und die deutlich macht, wie Arbeiten ein Stück Wohnen sein kann und umgekehrt. Natürlich sind solche Häuserbeispiele eher bei einer intellektuellen Schicht zu finden, die Berufen nachgeht, die eine solche Lebensform ermöglichen. Sie können aber durchaus Anregung sein für Wohn-, oder besser Lebensmodelle, die sich vor einer funktionalen Betrachtungsweise distanzieren.

Nach wie vor gibt es interessante Einzelbeispiele kleiner verdichteter Wohnquartiere. Unter Berücksichtigung der privaten Sphäre und der Individualität der einzelnen Familie wird gleichzeitig Raum für eine soziale Gemeinschaft geschaffen. Obwohl es in diesem Bereich immer wieder hervorragende Ansätze gibt, ist es bedauerlich, wie wenig im alltäglichen Wohnungsbau davon übernommen wird. Bei den jüngeren Beispielen fällt auf, daß sich Planer zunehmend dem Übergang zwischen privatem und öffentlichem Raum annehmen. Es entstehen dabei Zwischenzonen, die ein Übergang dieser Bereiche herstellt, was für die Steigerung der Wohnqualität wesentlich ist.

Bei Wohnanlagen setzt sich eine Erkenntnis durch, die ebenfalls Vorteile für die Bewohner mit sich bringt: die Privatisierung von Grünbereichen. Der große Rasen zwischen Gebäuden, den niemand richtig in Anspruch genommen hat, wird einzelnen Wohnungsmietern zur eigenen privaten Nutzung überlassen. Freiflächen sind nicht mehr »Abstandhalter« zwischen den Wohngebäuden. Durch die Übereignung der Flächen wird ein persönliches Verhältnis zu dem Garten aufgebaut, die Verantwortung geht an den Bewohner. Was sich im eigenen Garten an Identifikation ergibt, kann sich auch auf das Haus als Gesamtes übertragen.

Der Versuch, den Weg von der Anonymität zur Identität zu gehen, wird auch bei manchen Großbauten sichtbar. Das ist nicht unbedingt neu: Aus den zwanziger Jahren gibt es noch bekannte Bauten, die ein hohes Maß an Identität ermöglichten; die Hufeisensiedlung in Berlin oder der Karl-Marx-Hof in Wien sind solche Beispiele. Neu ist jedoch, daß die jüngsten Großbauten ihre Identität aus der städtebaulichen Stellung beziehen: sie sind mit Blick auf die Umgebung so entstanden, und die Stellung des Baukörpers wie auch die Formensprache macht sie zum Teil der Nachbarschaft.

Die Probleme des Massenwohnungsbaus sind damit noch lange nicht beseitigt. Der Mangel liegt nach wie vor an der Größe selbst. Die Grundrisse der großen Häuser zeigen neben der notwendigen Unterbringung von möglichst vielen Wohnflächen, daß Wohnen Spaß machen soll, daß man gerne darin wohnt. Im Vergleich zu den großen Gebäuden haben es die kleinsten in dieser Hinsicht einfacher: Ferienhäuser sind nach wie vor Prototypen für ein Wohnen, wie es die meisten gerne hätten.

Für die oben geschilderten Themen haben wir jeweils ein Beispiel ausgewählt, das den entsprechenden Schwerpunkt der Bauaufgabe deutlich machen kann. Es kommt uns also nicht darauf an, ähnliche Bauaufgaben darzustellen, sondern gerade die Unterschiedlichkeit der Ansätze zu verdeutlichen. Jedes Haus zeichnet sich durch ein bestimmtes Konzept und die damit verbundene Idee aus. Es soll deutlich werden, wie die unterschiedlichen Konzepte sich auf die Gestalt und damit auf die Gesamtarchitektur auswirken. Das Buch ist also keine Auseinandersetzung über wohntheoretische Probleme, es ist ganz einfach ein Architekturbuch. Wir sind durch die Qualität der bildnerischen Wiedergabemöglichkeiten an perfekte Photographien gewöhnt. Mit ihnen kann im Regelfall nur punktuell ein Projekt dargestellt werden. Will man ein Gebäude in seiner Gesamtheit verstehen, so sind Grundrisse und Schnitte immer noch die einzige Möglichkeit dazu. Deshalb war es uns ein Anliegen, die ausgewählten Projekte in vergleichbarem Maßstab und Graphik zu präsentieren.

Nicht alle Wohnhäuser werden jeden Geschmack treffen, oder so sein, wie sich der Leser ein Gebäude zu dem Thema vorstellt. Es gibt aber einen Unterschied zwischen Geschmack und erkennbarer Qualität. Solange es keine Verbindlichkeiten im Geschmack, wohl aber in der Qualität gibt, solange kann man über die Vielfalt der Architektur nur froh sein. Denn sie ist nichts anderes, als der Ausdruck des kulturellen Standes einer Gesellschaft.

*Of all the different building types, probably none has such diversity of form and appearance as housing. That does not simplify matters if one wishes to give an overall picture, in a not all too voluminous work, of the range of housing that has been built in recent years. The variety is so great that any selection must seem random.*

*One reason for this may be that books on the subject tend to concentrate on a certain form of housing – where there are still enough distinguishing features to ensure variety. On the other hand, there is a certain challenge in making a direct comparison between buildings, the form of which is the product of quite different constraints. Such constraints – reflecting locality, economic and ecological factors, or technical considerations, and determining the use of materials and many other aspects of a building – seem to have increased in number and influence over the last few years. In this respect architecture has changed. It reacts more subtly and in a refreshingly differentiated way to the various factors impinging upon it.*

*Until a few years ago, ecological aspects, for example, were of scarcely any consequence for architectural form. The energy crisis of the 1970s did not lead to fundamentally new forms of building, but it did result in a more sensitive approach to the question of energy, which in turn led to new measures in construction that had an influence on form. In some buildings this is limited to token or »idealistic« improvements. A conservatory alone will not, of course, achieve the energy savings that are desired; for a complicated glass extension to a building incurs more costs and the use of more energy in its construction than it saves. Attempts to derive new forms from scientific findings in this field are probably still in their infancy.*

*The same also applies to the materials used in construction. The fondness for experimentation in the 1960s and 70s – the use of new materials to break with tradition and create different kinds of buildings – is no longer*

*evident. In its place, one can observe in many projects a careful selection of environmentally compatible materials. In addition, there are an increasing number of schemes constructed exclusively of materials that, according to present knowledge, are not harmful to human health. Buildings of this kind, however, very often seem bound by a certain formal language. In many cases there is an avoidance of right angles, and the appearance is characterized by rural or historicist, vernacular stylistic elements. With increasing criticism of environmentally harmful materials, the question of the source and positioning of materials as well as their ultimate disposal will also result in changes in the image and thus the formal language of an ecologically sound house.*

*In urban areas a further aspect has attracted the interest of architects. The ever-increasing cost of building land has turned sites that were once regarded as unsuitable or uninteresting for development into attractive situations. Such examples show how, with tighter constraints (small or minimal sites, for example), the demands made of architects increase. Extensions and conversions can also be included in this context. In recent years they have come to represent important areas of architectural activity in densely populated urban areas. There are numerous examples to show how such contraints have created exciting challenges in terms of architectural design.*

*A more sensitive approach to the question of architectural language can also be recognized. In an age of pluralism, characterized by a certain arbitrariness, many clients place great importance on the statement their house makes and the means the architect uses to express this.*

*Clients want buildings that articulate their own cultural and artistic pretensions. This immediately poses the question of style, which architects have avoided for a long time. A well-functioning layout does not have*

*to be at the expense of content or sensible construction. These aspects remain as important as ever. But a house should offer more than that. It should make an individual statement. The fact that one can still find fine examples of buildings inspired by the Modern Movement suggests that there is room for variety. For many years, in our more recent architectural history, the formal language of housing has been very one-sided.*

*One aspect that was virtually of no significance in architecture some years ago was the location for which a building was to be designed. Many houses draw their particular form from the site on which they stand and from local constraints. In the interplay of a house with its surroundings one can recognize the need for a dialogue with the environment, regardless whether it is a built environment or natural surroundings into which a house has to be integrated. That in itself is not a problem peculiar to housing; although it does have an influence on its design. The response to a particular location can take two forms: an act of conformity or integration; or the adoption of a contrasting or opposing stance. The location itself will be spatially relatively small in size. Variations brought about by different geographic locations, by climatic or cultural considerations, social structures and the like do not have such an influence on form as one may initially think. Many of the examples shown could equally well have been built in a different country – on either side of the Atlantic. In contrast to the developments described above, changes in housing forms are relatively gradual. In those cases where new living patterns are developed, such as housing communes or the mixed habitation of old and young, there are scarcely any examples one could ascribe to new architecture.*

*That is all the more regrettable, since at the beginning of the Modern Movement architects showed a passionate concern for social prob-*

*lems. The outcome of this was building forms that, in many realms, are regarded as pioneering even today. Perhaps one explanation is that people who join forces to create new patterns of living are not the sort of clients who can »afford« architecture. There are also some interesting attempts to link the activities of working and living, which are so often separated, unfortunately. In this respect, design objectives could be drawn up that would lead to the creation of a more harmonious form of family life and that would show how work can be part of our normal living patterns, and vice versa. Examples of this kind of building are, of course, more likely to be found among the intellectual classes who pursue professions that permit such a way of life. They could nevertheless serve as models for new forms of housing – or better still, for new patterns of living that are far removed from purely functional thinking.*

*As always, there are interesting individual examples of smaller, high-density housing developments, where, taking account of the private realm and the personal needs of families, space is also created for a social community. But although there are always new and striking ideas in this field, it is regrettable how few of them are adopted in everyday housing design.*

*In recent examples it is noticeable that planners are increasingly interested in the transition between the private and public realms. This transition is often realized in the form of intermediate zones that represent a considerable improvement in habitable quality. In the case of housing estates a concept of great advantage to residents is finding increasing acceptance – the privatization of parts of the outdoor garden area. The expanses of grass between buildings that in so many schemes in the past were never used to the full are now being divided up in new developments for the personal use of individual tenants. Public open spaces are no longer just*

*buffer zones between blocks of housing. By transferring the use of these areas to individual families a personal relationship to the garden is developed. Tenants thus come to assume responsibility for these areas; and the identifying features of people's own gardens can be applied to the building as a whole.*

*Attempts to tread a path from anonymity to identity are also evident in some larger developments, although this is not entirely new. There are well-known examples of buildings designed in the 1920s that allowed a high degree of identity: the »Hufeisensiedlung« in Berlin, for example, or the Karl-Marx-Hof in Vienna. What is new in recent examples, however, is that larger complexes derive their identity from the urban context. They have been created in response to their surroundings, and both the layout of the buildings and their formal language make them part of their neighbourhood.*

*This has by no means solved the problems associated with mass housing. The shortcomings of this form of development have to do, as ever, with the sheer size. The layouts of the larger buildings show – in addition to the need to create as much floor area as possible – that living can also be fun, that people enjoy residing in these spaces. In comparison to large-scale buildings, smaller dwellings have it easier in this respect. Holiday houses are, as always, a prototype for a form of habitation that most people would desire.*

*We have chosen examples where the above-mentioned subject areas are illustrated by the main point of emphasis of the particular brief. It is not our aim, therefore, to show buildings designed to similar parameters. On the contrary, it is the diversity of approaches that we wish to bring out. Every building is characterized by its own specific concept and ideas. The aim of this book is to show how these different concepts influenced the form (Gestalt) and the architecture as a whole. The book is*

*not a discussion of the theoretical problems of housing. It is simply a book of architecture.*

*High-quality methods of graphic reproduction have accustomed us to perfect photographic illustrations. But as a rule, it is only possible to portray certain aspects of a project in this way. If one wishes to understand a building in its entirety, plans and sections are still the only reliable method. It was therefore important to us to present the projects in this book to a comparable scale and in a comparable graphic form.*

*Not all the housing schemes will please all tastes; nor will they necessarily comply with the readers' own concepts or choice of buildings as illustrations of particular themes. There is, however, a difference between taste and recognizable quality. As long as there is no consensus in the realm of taste, but agreement on what constitutes quality, one can be grateful that there is such diversity in architecture; for it is nothing less than an expression of the cultural state of a society.*

**Haus Ruskin / *Ruskin House***

**Ruskin street**
**Seaside**
**Florida/USA**                                                        **1988**

Ein befreundeter Architekt vertritt die Ansicht, Wohnhäuser müßten eigentlich Ferienhäuser sein. Nun sind Ferienhäuser auch Wohnhäuser, wo ist also der Unterschied? Ferienhäuser dienen nur einen kurzen Zeitraum dem Wohnen. Also wird auf ein kompliziertes Raumprogramm verzichtet. Es gibt einen großen Raum, in dem sich das tägliche Leben abspielt und daneben noch Schlafräume und ein Badezimmer. Ein einfaches Programm in einfachen Gebäuden. Das Haus dient nichts anderem als dem Spaß zum Wohnen. Diese Beschreibung beinhaltet bereits eine Kritik am »normalen« Wohn-

haus. Viele unserer Wohnungen sind von anderen Zwängen geprägt, Zwängen der Funktionen, die im Ferienhaus nicht so vielfältig sein müssen. Beim Ferienhaus begnügt man sich auch gerne mit einfachen Konstruktionen. Man könnte sich aber fragen, ob unsere alltäglichen Wohnsituationen in vielen Fällen nicht einfacher sein könnten. Schließlich könnte ein unkompliziert gestalteter Großraum für das soziale Miteinander in einer Familie auch förderlich sein.
Das Haus Ruskin ist ein luxuriöser Vertreter der einfachen Ferienhäuser. Es handelt sich eigentlich um zwei

Gebäude. Sie sind jedoch aus einer simplen Holzkonstruktion und haben beide die beschriebene einfache Funktion. Sie sind also mit wenig Aufwand gebaut. Sie zeigen aber auch, wie mit geringen Mitteln dem Haus eine fast edle Gestalt gegeben werden kann. Damit reduziert sich das Sparsame lediglich auf die Bauweise, nicht auf die Erscheinung. An den zwei Gebäuden fallen als erstes die doppelten Reihen der Holzstützen auf, die das dünne Dach tragen. Erinnert das nicht an einen kleinen Tempel mit umlaufender Säulenreihe und innenliegender Cella? Was von außen bereits erkenn-

*Michael Moran*

11

bar ist, aber im Innern den Raum wesentlich bestimmt, ist die gebogene Wellblechschale. Man kann es auch als Gewölbe wahrnehmen, wie die Raumsituation eines Gebäudes aus der Renaissance. Bei genauerem Hinsehen wird man noch mehr Zeichen von monumentalen Bauten entdecken, etwa die überhohen, sehr schlanken Türblätter oder die Plattformen auf denen die Häuser stehen.

Am eindrucksvollsten ist jedoch die Stellung beider Baukörper zueinander. Der Raum dazwischen wird Teil des Gesamten, er ist sozusagen die große Halle im Freien. Die geschlossenen Räume sind auf den zentralen Bereich ausgerichtet. Der Freiraum ist ohne die ihn begrenzenden Baukörper nicht denkbar, die Baukörper in ihrem Zueinander nicht ohne den Freiraum. Plötzlich wird klar, daß es sich

eigentlich um ein großes Gebäude handelt, bei dem man den zentralen Raum in der Längsachse gar nicht mehr bauen mußte.
Eingebunden in eine baugeschichtliche Tradition ist das einfache Haus mehr geworden, als viele aufwendige Beispiele aus dem Alltag des Wohnungsbaus.

*A friend and architect was of the opinion that the houses in which people live should really be holiday homes. Holiday houses are themselves dwellings, of course – houses in which people live. So what is the difference? Holiday houses serve the needs of habitation for only short periods. For that reason people often forgo a complicated spatial programme. Usually there is one large space in which the round of daily activities takes place, with adjoining bedrooms and a bathroom – a simple programme in a simple structure. The house serves no other purpose than the pleasure of living. This description automatically contains a criticism of »normal« housing. The forms of many of our dwellings are determined by other constraints, functional constraints that are not necessarily so numerous and complex in the case of holiday houses. In the latter, one is often satisfied with simple forms of construction. One could, of course, also ask whether our everyday living*

*conditions might not be much simpler than they are in many cases. A large, single space of inelaborate design could be quite beneficial for social intercourse within the family.
The Ruskin House is a luxurious example of simple holiday houses. It really comprises two buildings. But both are characterized by a simple timber structure and the modest functions described above. In other words, they are not elaborately built. They demonstrate, however, how a house can be given a quite noble form using modest means. The economies made are restricted purely to the form of construction, and do not affect the appearance. The feature that strikes one first about the two buildings is the double rows of timber posts that support the slender roofs. Is this not reminiscent of a small temple with a peripheral row of columns and a cella inside? A feature that is evident on the outside and that has a major influence on the design of the internal space is the curved corrugated metal sheeting.*

*It has the appearance of vaulting, creating some of the spatial characteristics of a Renaissance building. A closer look will reveal other tokens of monumental structures, such as the elongated, narrow doors or the platforms on which the houses stand. The most impressive feature, however, is the positioning of the two structures facing each other. The space between becomes part of the whole. In a sense, it is a great outdoor hall towards which the indoor spaces are turned. In other words the open space is inconceivable without the buildings enclosing and defining it, just as they are inconceivable in their relationship to each other without the central space. Suddenly it becomes clear that one is confronted with a single large structure in which it was no longer necessary to build the central space along the longitudinal axis. Belonging to a long building tradition, this simple house achieves more than many far more elaborate examples of everyday housing do.*

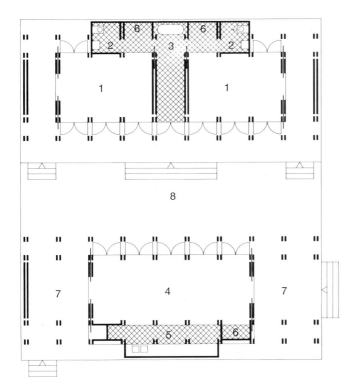

Ebene 0 / *Level 0*

| Ebene 0: | 1 | Schlafen |
|---|---|---|
| | 2 | WC |
| | 3 | Bad |
| | 4 | Wohnen |
| | 5 | Küche |
| | 6 | Schrank |
| | 7 | Freisitz |
| | 8 | Terrasse |

| *Level 0:* | *1* | *Bedroom* |
|---|---|---|
| | *2* | *WC* |
| | *3* | *Bath* |
| | *4* | *Living room* |
| | *5* | *Kitchen* |
| | *6* | *Cupboard* |
| | *7* | *Outdoor sitting area* |
| | *8* | *Terrace* |

*Michael Moran*

**Haus Engler-Hamm /** *Engler-Hamm House*

**München-Schwabing /** *Munich*
**Deutschland /** *Germany*

**1987**

Mit dem raschen Bevölkerungswachstum und der damit verbundenen Verdichtung der Großstädte im neunzehnten Jahrhundert entstehen an der Peripherie der dicht bebauten Quartiere Neubauten des Großbürgertums. In großzügig bemessenen Gartengrundstücken werden Wohnhäuser errichtet, die auf der einen Seite großstädtisch aussehen, auf der anderen Seite aber auch Naturverbundenheit dokumentieren sollen. Sie wirken wie eigenartige Zwitterbauten mit oftmals skurrilen Formen, die die Individualität des Besitzers dokumentieren. Häufig ist die Mischung von Holz und Stein zu beobachten; denn gerade das Material Holz eignet sich besonders gut, mit wenig Aufwand der Fassade einen Formenreichtum zu verleihen.
Neben diesen »reichen« Gebäuden gibt es in ähnlichen Randgebieten oft auch einfachere Häuser, die ihre Formenvielfalt aus der Konstruktion beziehen. Holzfachwerke mit einer Deckelschalung waren billiger zu errichten als ein Steinhaus. Aus Gründen des Feuchtigkeitsschutzes erhielt das Gebäude einen Steinsockel, auf den dann die Holzkonstruktion gebracht wurde.
Wie verhält man sich als Architekt, wenn man in einer solchen Umgebung heute ein Wohnhaus baut? Soll man Formen übernehmen oder nachahmen? Soll etwas Neues, Fremdes als Kontrast entstehen?
Otto Steidle wählt zunächst nicht den Weg der Form. Er sucht die geeignete Konstruktion, aus der sich die Form dann ergibt. Das konstruktive Prinzip, das dem Wohnhaus in München zugrunde liegt, ist die oben beschriebene Bauweise, auf einen gemauerten Sockel ein Holzskelett zu stellen.

Natürlich sind der Sockel wie auch der Skelettbau moderne Konstruktionen: die Mauern aus Leichtziegeln, das Skelett aus Doppel-T-förmigen Holzleimbindern, die Wände aus einer Verschalung mit zementgebundenen Spanplatten. Einfache Holzlatten werden für Brüstungen und Pergolen an den Terrassen verwendet. So ergibt sich aus der Konstruktion die Erscheinung des Gebäudes. Der Architekt hat das noch zum Anlaß genommen, auf den Unterschied zwischen Holz und Stein hinzuweisen, indem er das Holzskelett aus den Fluchten des Sockels dreht. Plötzlich hat das Gebäude, das so logisch und unsentimental entstanden ist, sehr viel mit den Formen zu tun, die wir eingangs beschrieben haben. Es hat darüber hinaus den Wert, nicht mehr zu sein, als es wirklich ist.

*The rapid increase in population and the rising density of urban settlement in the 19th century led to a new development in building – the erection of houses for the upper middle classes on the periphery of cities. Set in generously proportioned grounds, these houses had metropolitan pretensions, yet at the same time wished to document their proximity to nature. In many cases these structures have a strange, hybrid appearance and often exhibit bizarre forms that were meant to demonstrate the individuality of their owners. Frequently, their construction reveals a combination of timber and stone, for timber is ideally suited to lending a façade formal richness at a relatively low cost. Alongside these »grander« buildings on the outskirts of cities there are often simpler houses whose formal diversity is derived from their structure. A house of timber framed construction with boarded cladding was cheaper to build than one of stone. To protect them against dampness, these houses often had a stone plinth on which the timber structure was erected.*
*How should an architect react if he has to build a house in such surroundings today? Should he adopt or copy forms from neighbouring buildings? Or should he design something entirely new and alien, and set a contrast? Otto Steidle does not initially follow the path of form. He seeks the appropriate construction, from which form can be derived. The constructive principle on which the house in Munich is based is that described above – the erection of a timber skeleton frame on a masonry plinth. Both the plinth and the skeleton frame are, of course, of modern construction. The masonry walls are of lightweight bricks; the timber framing is of double T-shape laminated members; and the cladding to the walls is of cement-bound chipboard. Simple timber battens are used for the balustrades and pergolas to the terraces. The appearance of the building is thus the product of the construction. The architects use this concept to indicate the difference between the timber and masonry sections, turning the timber frame structure at an angle to the plinth. This building, which was designed to such a logical, unsentimental concept, suddenly seems to have a great deal to do with the forms that were described at the outset. Over and above this, it has the quality of not pretending to be more than it really is.*

*Verena von Gagern*

16

Ebene 0 / *Level 0*

Ebene 1 / *Level 1*

Ebene 2 / *Level 2*

Ebene 3 / *Level 3*

Schnitt / *Section*

*Verena von Gagern*

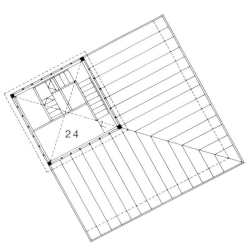

Ebene 4 / *Level 4*

| Ebene 0: | 1 Schwimmen | *Level 0:* | *1 Swimming-pool* |
| | 2 WC/Dusche | | *2 WC/Shower* |
| | 3 Hausanschluß | | *3 Mains connections* |
| | 4 Vorrat | | *4 Store* |
| | 5 Heizung | | *5 Heating* |
| | 6 Keller | | *6 Cellar* |
| Ebene 1: | 7 Zahnlabor | *Level 1:* | *7 Dental laboratory* |
| | 8 WC | | *8 WC* |
| | 9 Essen | | *9 Dining area* |
| | 10 Kochen | | *10 Kitchen* |
| | 11 Wintergarten | | *11 Conservatory* |
| | 12 Wohnen | | *12 Living area* |
| | 13 Terrasse | | *13 Terrace* |
| Ebene 2: | 14 Einliegerwohnung | *Level 2:* | *14 Self-contained apartment* |
| | 15 Büro | | *15 Office* |
| | 16 Balkon | | *16 Balcony* |
| | 17 Bad | | *17 Bathroom* |
| | 18 Zimmer | | *18 Room* |
| Ebene 3: | 19 Terrasse | *Level 3:* | *19 Terrace* |
| | 20 Eltern | | *20 Parents' room* |
| | 21 Ankleide | | *21 Dressing room* |
| | 22 Bad | | *22 Bathroom* |
| | 23 Sauna | | *23 Sauna* |
| Ebene 4: | 24 Turmzimmer | *Level 4:* | *24 Tower room* |

**Casa Morisoli**

**Monte Carasso**
**Schweiz / *Switzerland***                                                           **1988 – 1990**

*Filippo Simonetti*

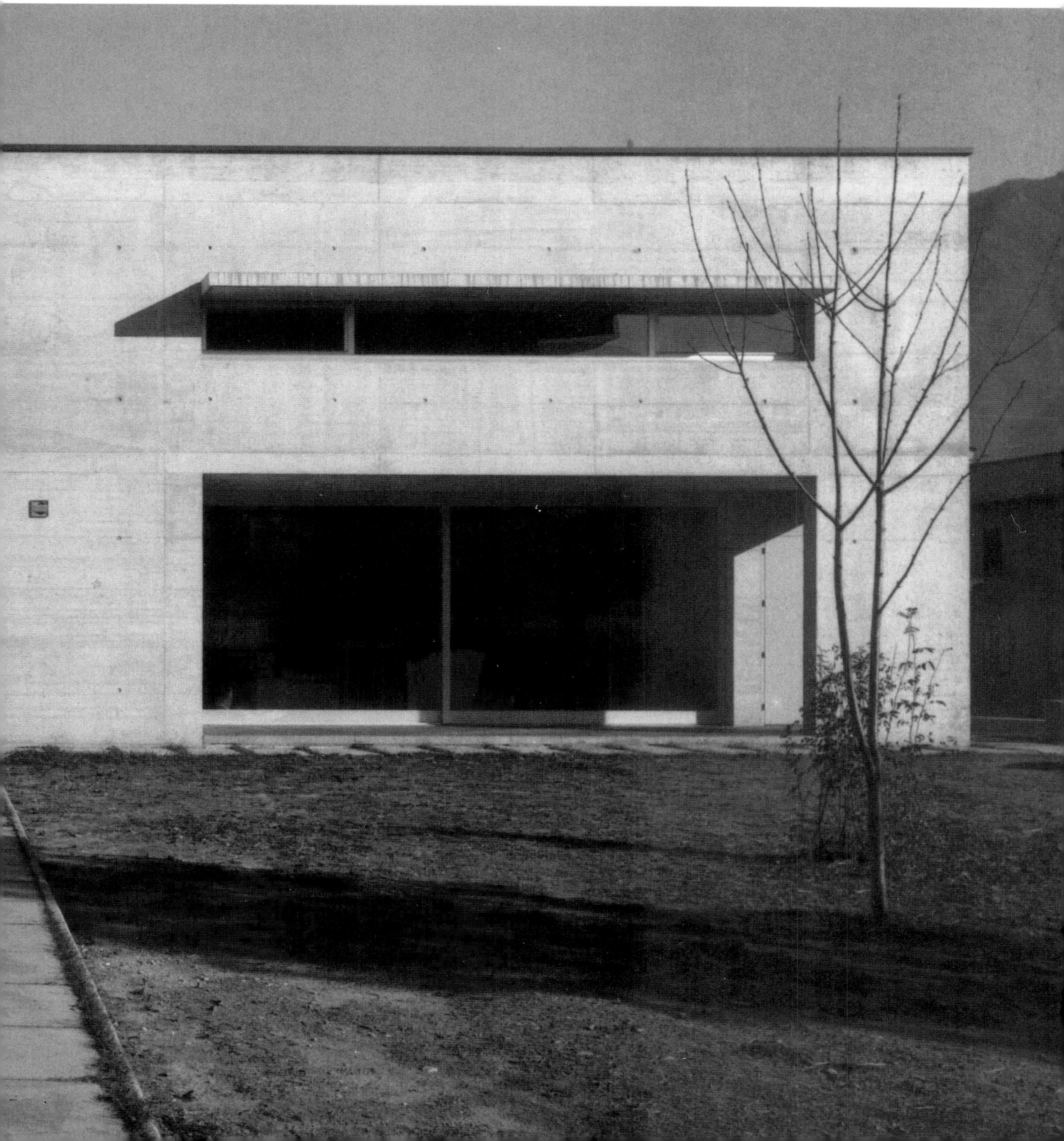

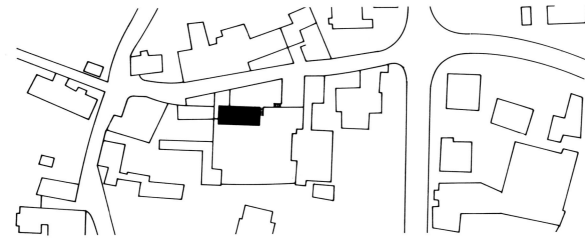

Lageplan / *Site plan*

Mit architekturtheoretischen Überlegungen wie auch praktischen Beispielen wird immer wieder belegt, die Modernen sei am Ende. Inmitten der postmodernen, dekompositorischen oder dekonstruktivistischen Formenwelt gibt es aber immer noch Vertreter einer »modernen« Architektur. Sie sind der Auffassung, die Moderne sei noch lange nicht verbraucht. Im Gegenteil, die Gedanken einer modernen Architektur, wie sie Loos, Le Corbusier und das Bauhaus entwickelt haben, sind nach wie vor von ungeheurer Aktualität. Die Architektur wird aus ihrer Aufgabe heraus entwickelt, der Funktion des Gebäudes.

Einer dieser Architekten ist Luiggi Snozzi. Mit einer Unbeirrbarkeit zeigen seine Bauten aus über drei Jahrzehnten, wie aktuell die Moderne immer noch sein kann. Dabei wäre die Behauptung falsch, Snozzi sei der klassischen Moderne der zwanziger und dreißiger Jahre verhaftet. Indem er sie weiterentwickelt, wird der Weg einer Architektur sichtbar, die noch lange nicht überholt sein wird. Das wesentliche Merkmal der Weiterentwicklung ist der Gedanke des Orts. Mit jedem, auch dem kleinsten Gebäude wird ein Ort definiert, der einen Einfluß auf die gewachsenen Strukturen hat. Wenn dieser Gedanke konsequent angewendet wird, so können mit einzelnen, auch kleinsten Baumaßnahmen Strukturen korrigiert, ergänzt, oder geändert werden. Seit Jahren arbeitet Snozzi an dem Tessiner Ort Monte Carrasso. Dort wird allmählich sichtbar, wie mit Hilfe strategisch richtig gesetzter Baukörper eine vorher desolate Struktur zu einem Stadtkörper geordnet wird. Die Casa Morisoli ist ein solches Gebäude. Ein einfacher, rechteckiger Baukörper wie eine Kiste. Sie ist wohlüberlegt in den Kontext der Umgebung situiert, bildet Grenzen

*Theoretical claims and practical examples are constantly being put forward in architecture to prove that the Modern Movement is dead. In a world that is dominated by post-modernist, decompositional or deconstructivist forms, one can nevertheless still find advocates of »modern« architecture. In their eyes, the Modern Movement is far from defunct. On the contrary, they see the underlying ideas of modern architecture, as developed by Loos, Le Corbusier and the Bauhaus, as possessing tremendous topicality and validity. Architecture of this kind is developed from the task it has to fulfil – the function of the building.*

*One such architect is Luigi Snozzi. His buildings, designed over a period of three decades, demonstrate with unswerving conviction how up to date the Modern Movement can stil be. On the other hand, it would be quite wrong to regard Snozzi as rooted in the classical modernism of the 1920s and 30s. In his extrapolation and continued development of these ideas, he charts an architectural path that is anything but outdated.*
*The main feature of this development is the concept of place. Every building, even the smallest, contributes to the definition of its location – and the location impinges on the structure of the surrounding living tissue. If this*

*concept is consistently pursued, even minimal building measures can correct, complement or change such structures.*
*For years now, Snozzi has been working in Monte Carasso in the Ticino. There it is gradually becoming apparent how, with the help of strategically well-placed buildings, a formerly desolate structure can be rehabilitated to a distinct urban entity. The Casa Morisoli provides an example of this. It is a simple, rectangular, box-like structure. Its siting in the existing built environment is well considered. With its courtyard and boundary wall, the house helps to create lines of demarcation and*

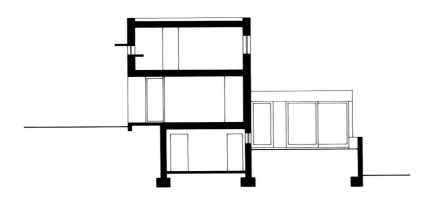

Schnitt / *Section*

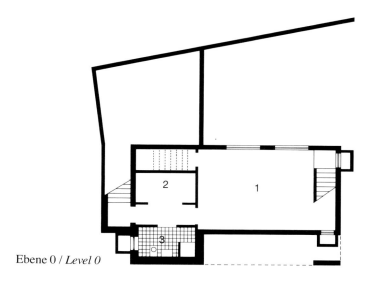

Ebene 0 / *Level 0*

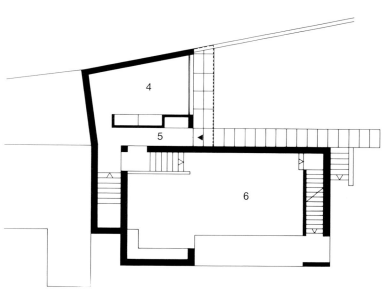

Ebene 1 / *Level 1*

Ebene 0:  1  Weinkeller
         2  Abstellraum
         3  WC
Ebene 1:  4  Arbeiten
         5  Eingang
         6  Kochen/Essen/Wohnen
Ebene 2:  7  Schlafen
         8  Bad

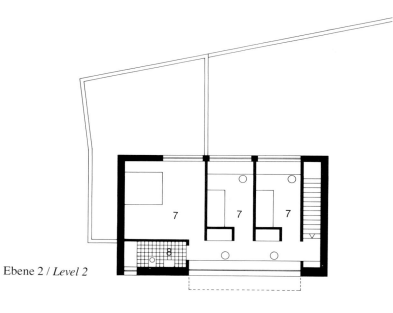

Ebene 2 / *Level 2*

Level 0:  1  *Wine cellar*
         2  *Store*
         3  *WC*
Level 1:  4  *Office/Study*
         5  *Entrance*
         6  *Kitchen/Dining-living area*
Level 2:  7  *Bedroom*
         8  *Bathroom*

22 und ordnet den Straßenraum mit Hof und Mauer. Der Romantiker wird ein Dach vermissen, einen Bogen oder eine aus Natursteinen grob gemauerte Fassade. All das gibt es bei Snozzi nicht. Seine Gebäude sind so zurückhaltend und damit stolz, wie es die alten sind. Denn die wirklich historischen Häuser dieser Gegend sind nicht aus romantischen Erwägungen so entstanden, sondern aus bitterer Notwendigkeit. Einfache Grundrisse prägen sie, der hellgraue Stein, die dunkle Öffnung in der Fassade, das Fehlen schmückender Teile. Will man diesen Gebäuden seine Referenz zeigen, so sind ebenso einfache Grundformen zu verwenden.

Aus den inhaltlichen, nicht den formalen Überlegungen heraus ist das Haus entstanden. Es ist eine minimalistische Architektur, äußerst sparsam, aber das Karge daran macht das Gebäude auch nobel. Der Grundriß des kleinen Hauses ist ebenso einfach gehalten: wenige Stufen, über dem Zugang der Wohnraum, der den ganzen Kubus ausfüllt, darüber die Schlafzimmer. Im vorgeschobenen, eingeschossigen Teil liegt zwischen Straßenraum und der »Kiste« ein Arbeitszimmer. Der Weg durch das Haus ist in S-Form angelegt. Besonders schön ist dabei die Führung durch den Wohnbereich, bei dem der ganze Raum erfaßt wird: zwischen Eingang

und Arbeitszimmer fällt, nach einer ganzen Drehung, der Blick auf den großen Raum, der sieben Stufen höher liegt. Dann, auf der Wohnebene angekommen, geht die Bewegung entlang der geschlossenen Wand, vorbei an der großen Öffnung zum Obergeschoß.

Snozzi gibt dem Haus zwei Aufgaben: die der Privatheit und die der Öffentlichkeit. Mit der Definition des Orts in der Stadt wird auch der Bewohner verantwortlicher Mitgestalter seines städtebaulichen Umfelds. Der zweite Ort ist der private. Selten gelingt beides in dieser beispielhaften Qualität.

*contributes a certain order to the street. Romantics may miss a pitched roof, an archway or a rough masonry façade of natural stone. There is none of this with Snozzi. His buildings have the same restraint – and therefore pride – as old buildings. For the forms of the truly historic buildings in this area were not the product of romantic considerations. They were built out of dire necessity. They are characterized by simple layouts, by pale grey stone, dark openings in the façade and a lack of ornamental details. If one wishes to pay one's respects to these buildings, this can best be done by creating basic forms of a comparable simplicity. The house was designed around the*

*content it was to accommodate, not along formal lines. Its architecture is minimalist and extremely economical. But this frugality lends it nobility. The layout of this small house is also quite simple. It has few stairs. The living space is raised above the entrance and takes up the whole area at this level. Above it are the bedrooms. In the single-storey projecting wing, inserted between the street and the »box«, is an office or study. The route through the house is laid out in the figure of an »S«. A particularly attractive feature is its path through the living area, embracing the whole space. Between the entrance and the study, the route turns 180°, revealing a*

*glimpse of this large living space, raised seven steps above the vestibule. At this level, the path continues along the closed side wall of the living area – with a broad opening in the opposite face – and then rises to the upper floor.*

*Snozzi assigns the house two roles: a private and a public one. By contributing to the definition of the location in the town, the residents also assume responsibility for the shaping of their urban environment. The second aspect of the concept of place is the private realm. Rarely are both achieved so successfully and with such quality.*

**Haus des Architekten /** *Architect's House*

**Egå**
**Dänemark /** *Denmark*    **1983**

Wenn man den Grundriß dieses Hauses flüchtig betrachtet, dann glaubt man ein palladianisches Grundrißschema zu erkennen: eine nahezu quadratische Grundfläche mit einer deutlich erkennbaren mittleren Halle, die von regelmäßigen, ähnlich großen Räumen umgeben ist. Man ist auch an das berühmte Haus von Bruno Reichlin und Fabio Reinhard erinnert, die Villa Tonini im Tessin. Dieses Haus hatte in den siebziger Jahren einen großen Einfluß auf die Architektur in Mitteleuropa; es war eines der Insignien der berühmten Tessiner Schule.

Ganz anders empfindet man das Haus, wenn man die Photos studiert. Es ist zwar eine gewisse Symmetrie erkennbar, die jedoch an den verschiedensten Stellen außen und innen gebrochen ist. Dadurch ergibt sich eine eigenartige Spannung zwischen einem fließenden und fest definierten Einzelräumen. Das Aufbrechen der symmetrischen Ordnung macht das Haus lebendig. Das Spiel mit der Strenge des Grundtypus und dem Brechen der symmetrischen Ordnung entspricht dabei nicht den in der Architektur bekannten Störungen, wie sie zum Beispiel den Gebäuden von Venturi und Rauch zu eigen ist. Die Ordnung wird ja nicht durch quer oder schief liegende Elemente gebrochen oder durch Versatzstücke einer ganz anderen Architektur. Sie wird im Raster beibehalten und nur durch Öffnen einer Achse erreicht oder durch die Benutzung eines im Grundriß erwarteten Raums als Loggia und Sitzplatz im Freien. (Die Ecke zwischen Küche und Schlafzimmer). Eine große Rolle bei diesem Gebäude spielt der Schnittgedanke. Hier ist nämlich im Gegensatz zum strengen Grundrißschema ein moderner fließender Raum spürbar. Die Trennung der Räume erfolgt durch unterschiedlich hohe Wände. Bei der halbhohen, sehr körperhaft ausgeformten Wand zwischen Gartenraum, dem zentralen Wohnraum und der darüber schwingenden Innenschale des Daches kommt man überhaupt nicht mehr auf den Gedanken, es handele sich um einen traditionellen Haustyp. Hier sieht man nur die Moderne, in einer Corbusier'schen heiteren Stimmung.

Die eingesezten Materialien unterstützen den Eindruck des lebendigen Umgangs mit der vorgegebenen Ordnung. So betonen die gefalzten Metallbahnen des Dachs die klassische Form, und man würde unter diesem Dach eigentlich einen edlen Boden erwarten. Der ist jedoch »nur« aus großformatigen Betonplatten. Es ist erstaunlich, wie aus diesen Grundsätzen eine Harmonie entwickelt ist, die nicht nur eigenständig ist, sondern auch eine große Wohnlichkeit ausstrahlt.

*Poul Ib Henriksen*

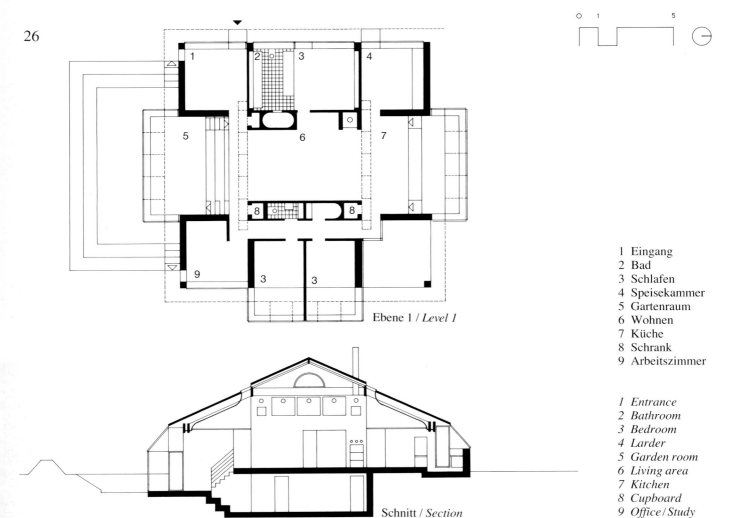

Ebene 1 / *Level 1*

Schnitt / *Section*

1 Eingang
2 Bad
3 Schlafen
4 Speisekammer
5 Gartenraum
6 Wohnen
7 Küche
8 Schrank
9 Arbeitszimmer

*1 Entrance*
*2 Bathroom*
*3 Bedroom*
*4 Larder*
*5 Garden room*
*6 Living area*
*7 Kitchen*
*8 Cupboard*
*9 Office / Study*

*A quick glance at the plan of this house might lead one to recognize a Palladian layout – an almost square form on plan with a clearly identifiable central hall, surrounded by a regular arrangement of similarly sized spaces. One is also reminded of the well-known house by Bruno Reichlin and Fabio Reinhard, the Villa Tonini in the Ticino, a house that had a great influence on central European architecture in the 1970s and became a symbol of the famous Ticino School. The present house in Denmark creates quite a different impression, however, when one looks at the photos. It has a certain symmetry, but this is broken at various points on the inside and outside. As a result, a strange tension is set up between flowing space and the clearly defined individual rooms. The disruption of the symmetric order makes the house come alive. But the*

*interplay between the rigour of the plan type and these interruptions to the symmetry is unlike any of the usual forms of disruption one finds in architecture – in the works of Venturi and Rauch, for example.*
*The order is not broken by transverse or diagonal elements, nor by quotations or set pieces taken from some completely different style of architecture. It observes the underlying grid. The interruption is achieved merely by the opening of an otherwise closed axial line; or by the use of a space – that, from the plan, one would expect to be an internal room – as a loggia or an open air sitting area; (e.g. the north-east corner between the kitchen and the bedroom).*
*The concept expressed in the cross-section plays a major role in this building. Here, in contrast to the strict plan layout, one senses a modern,*

*flowing space. The divisions between rooms are formed by walls of different heights. When one experiences the half-height, volumetric wall between the garden room and the central living space in conjunction with the curved inner skin of the roof, any impression that this is a traditional type of house vanishes. It is purely the modernity of the architecture that one sees – in a mood of Corbusian serenity.*
*The materials used reinforce the impression of a lively debate with the given order. The folded metal strips of the roof emphasize the classical form; and beneath such a roof one would normally expect a noble flooring. But this consists »only« of large concrete slabs. It is astonishing how, from these basic principles, a harmony is developed that is not merely an expression of independence, but that radiates a strong feeling of well-being.*

*Poul Ib Henriksen*

**Einfamilienhaus /** *Family House*

**Laichingen**
**Deutschland /** *Germany*                                                     **1989 – 1991**

Das Haus von Rainer Hascher ist an der Stelle eines alten Bauernhauses errichtet. Im Untergeschoß ist die Lage des alten Kellers erkennbar. Was darüber gebaut wurde, hat allerdings mit dem vorangegangenen wenig zu tun. Vom Schnitt her ist es eher ein technisches Gebilde, vom Grundriß her ein langer Flur, an dem sich links und rechts die Räume addieren. Eine Bausünde?
Um mehr Klarheit zu bekommen, muß man den Schnittgedanken weiterstudieren. Man kann lesen, wie von der Straße nach Süden die Landschaft abfällt. Unter dem Hang eingegraben liegt wie eine lange schmale Höhle der Rücken des Hauses. Diese Raumspange ist Teil der Landschaft, sie wurde lediglich unterbaut; darüber ist die geschwungene Stahlbetonschale erdbedeckt. Dort sind vorwiegend solche Räume untergebracht, die kein direktes Tageslicht von der Seite her benötigen, also Bäder, Toiletten oder die Küche. An das »Erdhaus« ist nun in Längsrichtung ein zweites Haus angelehnt. Wir könnten es im Gegensatz zur vorangegangenen Definition »Lichthaus« nennen. Denn es ist ganz deutlich zu sehen, daß die leichte Stahlkonstruktion sehr transparent ausgebildet werden kann. Um in die Räume der beiden Spangen zu kommen, muß nur noch der Längsflur die notwendige Verbindung schaffen. Damit ist die Idee beschrieben. Es ist also ein räumliches Konzept, das sich aus der Topographie ergibt. An einer anderen Stelle könnte das Haus so nicht gebaut werden, es wäre ein Unsinn. So ist die Gebäudeform eben doch eine landschaftsgebundene, mehr als die des alten Bauernhauses. Dieses ist aus herkömmlichen Materialien gebaut. Damit wäre Haschers Idee nicht zu verwirklichen. Sie geht nur mit den »moderneren« Materialien Stahlbeton, Stahl und großflächigem Glas.

*Rainer Hascher's house was erected on the site of an old farmhouse. In the basement the position of the old cellar is still recognizable. The house that has been erected on top has little in common with the previous building, however. The cross-section suggests a technical structure; the plan, a long corridor strip into which the various rooms are plugged additively from left and right. Might this not be construed as a constructional sin?*
*A study of the ideas underlying the cross-section provides a greater insight into the concept. In the section one can see how the land falls away from the road towards the south. Cut into the slope, the curved back of the house is like the long, narrow roof of a cave. This spatial strip forms part of the landscape, which has simply been hollowed out to accommodate the building. The earth is drawn up over the curved, reinforced concrete shell of the roof. On this side of the building, set into the hill, are rooms that, for the most part, do not require direct daylight from the side – bathrooms, WCs or the kitchen, for example. Along the entire length of this »earth house« a second structure has been leant, which one might call the »light house«, in contrast. For it is immediately apparent how transparent the lightweight steel construction can be. To reach the rooms in both strips all that is needed is a linking corridor along the full length. That is a summary of the idea underlying this house. The concept is thus a spatial one, derived from the topography of the site. It would be ridiculous to build a house such as this in a different situation. The form of the building is integrated into the landscape – even more so than that of the old farmhouse it replaced. The latter was built of traditional materials, with which Hascher's ideas could not have been realized. A structure of this kind is only possible with more »modern« materials such as reinforced concrete, steel and large panes of glass.*

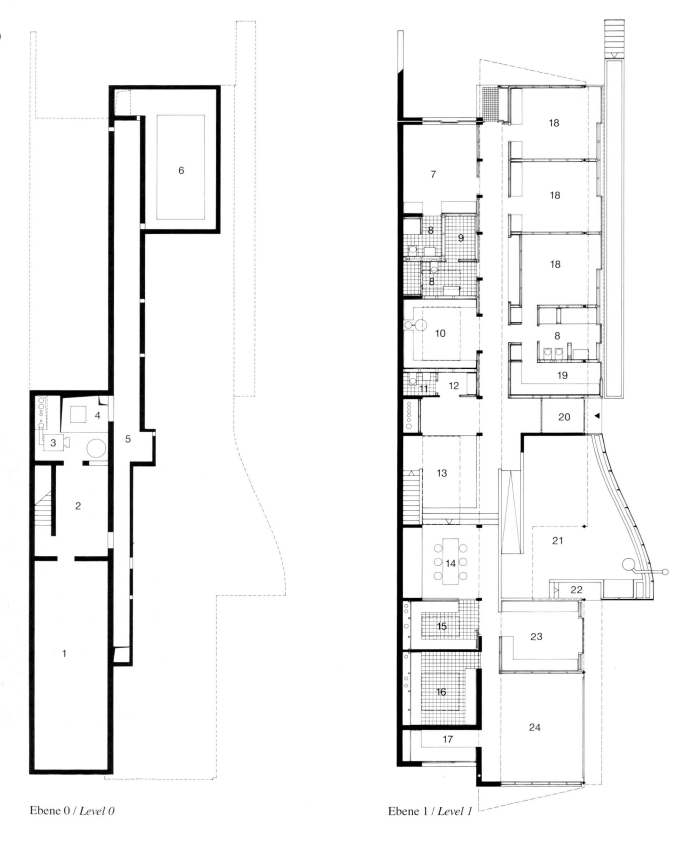

Ebene 0 / *Level 0*

Ebene 1 / *Level 1*

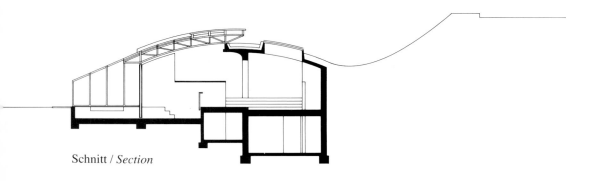

Schnitt / *Section*

**Haus des Architekten /** *Architect's House*

**Alftanes**
**Island /** *Iceland*                                                      **1983**

Würde man eine geographische Zuordnung der Projekte nur nach den Bildern versuchen, hätte man vermutlich Schwierigkeiten. Klima, Rohstoffe, Wirtschaft und Sozialstruktur bestimmten noch bis vor dreißig, vierzig Jahren die Gestalt von Gebäuden. Heutzutage sind technischer Standard und Ansprüche im wesentlichen überall ähnlich. Die Witterung hat keinen so großen Einfluß mehr auf die Bauweise, und die verwendeten Materialien können auf die Vielfalt unterschiedlicher Zustände reagieren. Was man als »Internationalen Stil« bezeichnete, ist nicht eine geschmackliche, sondern eine produktionstechnische Frage wie auch eine Frage des Wohlstands. Nun ist bei vielen Entwürfen die spezifische Situation des Orts gestaltbestimmend. Bei den großen Gebäuden könnte man Kollhoffs Haus in Berlin dazurechnen, bei den kleinsten die Baulücke von Eisele und Fritz in Darmstadt. Einer Region oder Landschaft wären diese Bauten jedoch nicht zuzuordnen, schon gar nicht einem bestimmten Land.

Auch das Haus von Gunnar Ragnarsson könnte in jedem anderen westlichen Land stehen. Es ist ein ganz gewöhnliches Gebäude, wenn man einmal davon absieht, daß es durch eine lange Wandscheibe längs geteilt wird. Ist das eine gestalterische Maßnahme? Vielleicht kann der Schlüssel zu dem Entwurf doch über das Land führen, in dem es steht. In Island gibt es im Winter nur wenige Stunden Tageslicht, im Sommer dagegen wird es selten dunkel. Die wärmsten Temperaturen liegen nur bei zwanzig Grad. Deshalb versuchen die Menschen so viel Sonne in das Haus hereinzubekommen wie möglich.

Natürlich sind auch in Mitteleuropa die Grundrisse nach dem Sonnenlauf ausgerichtet. Nebenräume liegen nach Norden, Wohnräume nach Süden. Darin unterscheidet sich das Haus in Island prinzipiell nicht. Es ist nur konsequenter in der räumlichen Ausnutzung der Lichtverhältnisse, sie werden zum bestimmenden Thema. Die große Längswand macht das sichtbar: sie trennt Garage, Eingang, Küche und Bad auf der einen sowie die Wohnräume auf der anderen Seite, ganz ähnlich dem Wohnhaus von Rainer Hascher, bei dem die Ursache jedoch in der Hanglage zu suchen ist. Daß es sich bei Ragnarsson in erster Linie um das Licht handelt, wird durch das lange Glasband deutlich, das die Längswand von dem davorliegenden Baukörper trennt. Damit wird die Mitte des Hauses hell, dort wo es bei anderen Gebäuden im Regelfall wenig Licht gibt. Die Wohnräume sind auf ihrer Längsseite ganz dem Licht zugewandt, große Glaselemente sind zwischen die tragenden Schotten gespannt. Alle Wände sowie die Decken sind weiß gestrichen, sogar der Fußboden hat eine nahezu weiße Färbung: er ist aus italienischem Marmor.

*To attempt a geographical location of the various projects in this book simply on the basis of the illustrations would create certain problems. Up to thirty or forty years ago the form and appearance of buildings were determined by climate, raw materials, economic considerations, social structure and so on. Today the technical standards and requirements are basically similar everywhere. Climate no longer has such an influence on forms of construction, and the materials used can stand up to a wide range of conditions. What one refers to as the »International Style« was not so much a question of taste or aesthetics but of production techniques – and a question of wealth.*
*In many of the projects, the location of the site and its specific characteristics play a major role in determining the design. As an example, one could refer to Kollhoff's building in Berlin, among the large-scale developments; and, among the smaller ones, the* infill project by Eisele and Fritz in Darmstadt. But neither of these buildings could be attributed to a specific region or landscape, not even to a specific country. So, too, the house by Gunnar Ragnarsson could stand in almost any Western country. It is a quite normal building, if one forgets the fact that it is divided along its length by a long wall. Can one call this a design feature? Perhaps the key to an understanding of the design is, after all, the country in which the house stands. In Iceland there are only a few hours of light per day in winter. In summer, on the other hand, it is not dark for very long. The warmest temperatures are about 20 °C. That is why the inhabitants try to draw as much sunlight into their house as possible. In Central Europe, too, of course, the plans of houses are related to the path of the sun. Ancillary rooms are usually located to the north; living rooms facing south. In this respect there is no difference in principle *from the Icelandic house. The latter is simply more thoroughgoing in its spatial exploitation of light conditions. They become the determining factor. The long spine wall makes this clear. It divides garage, entrance, kitchen and bathroom on the one side from the living rooms on the other – in a similar fashion to the house by Rainer Hascher, where the motivation lay in the slope of the site. The fact that it is principally a question of light in Ragnarsson's case is demonstrated by the long strip of glazing separating the spine wall from the section of the building in front of it. This allows daylight into the middle of the house, where there is little light as a rule in other buildings. The living areas are turned fully towards the light on their long faces. Between the load-bearing cross-walls are large spans of glass. All walls and ceilings are painted white. Even the floor is almost white in tone. It is of Italian marble.*

*Kristján Magnússon*

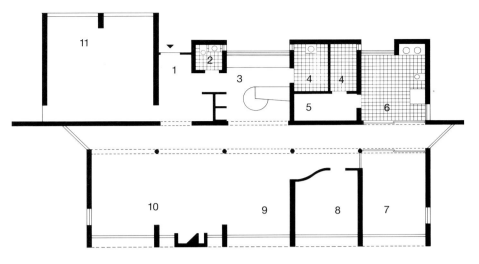

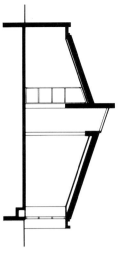

Ebene 0 / *Level 0*          Schnitt / *Section*

| Ebene 0: | | *Level 0:* | |
|---|---|---|---|
| 1 | Diele | *1* | *Hall* |
| 2 | WC | *2* | *WC* |
| 3 | Kochen | *3* | *Kitchen* |
| 4 | Abstellraum + Wäsche | *4* | *Store / Laundry room* |
| 5 | Kleiderraum | *5* | *Dressing room* |
| 6 | Bad | *6* | *Bathroom* |
| 7 | Eltern | *7* | *Parent's room* |
| 8 | Kinderzimmer | *8* | *Children's room* |
| 9 | Essen | *9* | *Dining area* |
| 10 | Wohnen | *10* | *Living area* |
| 11 | Garage | *11* | *Garage* |

*Kristján Magnússon*

**Wohnhaus / *House***

**Lyon-Vaise**
**Frankreich / *France***                                                **1990**

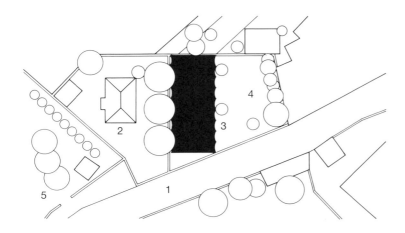

Lageplan:  1  Straße
           2  Altes Haus
           3  Neues Haus
           4  Garten
           5  Park

*Site plan:  1  Street*
            *2  Existing house*
            *3  New house*
            *4  Garden*
            *5  Park*

In den fünfziger und sechziger Jahren hat es immer wieder Versuche gegeben, leichte und offene Raumstrukturen in elementierter Bauweise zu entwickeln. Vermutlich waren diese Gehäuse nicht so perfekt, oder sie waren zu teuer. Vielleicht hat sich außer den Architekten niemand dafür begeistert. . .
In diesem Beispiel tauchen diese Überlegungen alle wieder auf. Der Laie wird das Gebilde nicht sofort als Wohngebäude erkennen. Für ihn könnte es sich auch um eine Ausstellungshalle oder einen kleinen Verwaltungsbau handeln. Aber auch der Ungeübte wird rasch sehen, daß die

Struktur ein ständiges Wachsen oder Schrumpfen der Flächen ermöglicht. Und wenn er sich in die Struktur eingesehen hat, wird auch die Trennung der Dachkonstruktion zu der eigentlichen Raumhülle verständlich. Das Haus kann nicht nur in Länge und Breite sich verändern, es kann auch unter Beibehaltung der großen Form um ein Geschoß erhöht werden. Der Gedanke, das Dach ausschließlich als Witterungsschutz zu benutzen und ihm damit keine raumumschließende Funktion zu geben, hat einen großen ästhetischen Reiz. Dazu trägt natürlich auch die Konstruktion bei, die Verästelung der Stützen im freien

Dachraum und die darüber gespannte Folie. Wie die Gestalt fliegender Bauten hat auch das Wohnhaus in Lyon – Vaise etwas heiteres und luftiges an sich. Ja man kann sich vorstellen, daß auch die Bewohner sehr offen miteinander umgehen. Sie wohnen in einem Haus, wo es keine Zimmer gibt, in die man sich zurückzieht. Dafür lebt man in einem großen Bereich, der nach außen nichts zu verbergen hat, in dem es keine Geheimnisse gibt.
Für den Bewohner wird der Aufenthalt im Haus gleichzeitig ein Aufenthalt im Freien. Drinnen und draußen ist nur durch eine Membrane getrennt.

*In the 1950s and 60s there were repeated attempts to develop lightweight, open, prefabricated spaceframe systems. Probably they were either not perfectly worked out or they were too expensive; and perhaps no one, apart from the architects themselves, was particularly enthusiastic about them.*
*In the present example, all these considerations reappear. The layman will not immediately recognize the building as a house. It might just as easily be an exhibition hall or a small administrative building. But even the non-expert will soon see that the structure permits the expansion or*

*reduction of the floor area at any time. Furthermore, a closer look at the structural system will provide an understanding of the separation of the roof construction and the spatial envelope. The building is capable of change not merely in its length and width. It can be raised in height by an additional storey without changing the overall form. The idea of using the roof skin exclusively as a protection against the elements, devoid of any function as a spatial enclosure, has an enormous aesthetic attraction. The actual construction plays a large part in this, of course – the ramification of the columns in the open roof space,*

*and the skin spanned over the top. Like the forms of some temporary structures, the house in Lyons-Vaise has something airy and light-hearted about it. One can imagine that the occupants also have a very open relationship with each other. They live in a house in which there are no rooms into which one can withdraw. The living space is a large open realm where nothing is hidden from the outside world and where there are no secrets.*
*Living in this house means living in the open. Inside and outside are separated by no more than a membrane. The external skin is the bare*

Stephane Couturier

38

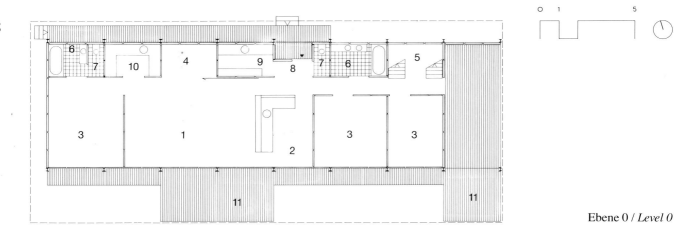

Ebene 0 / *Level 0*

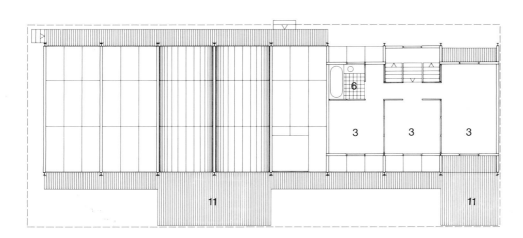

Ebene 1 / *Level 1*

Ebene 0 und 1:    1 Wohnen
    2 Kochen
    3 Zimmer
    4 Kamin
    5 Spielen
    6 Bad
    7 WC
    8 Eingang
    9 Vorrat
  10 Hauswirtschaft
  11 Terrasse

Querschnitt / *Cross-section*

*Levels 0 and 1:*    *1 Living area*
    *2 Kitchen*
    *3 Room*
    *4 Chimney corner*
    *5 Play room*
    *6 Bathroom*
    *7 WC*
    *8 Entrance*
    *9 Store / Pantry*
  *10 Utilities room*
  *11 Terrace*

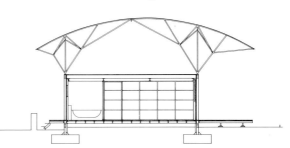

Längsschnitt / *Longitudinal section*

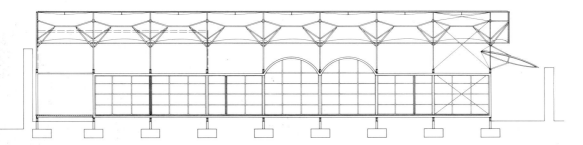

Die Außenhaut ist die minimalste Abtrennung, die eben noch notwendige, um sich vor Wind und Wetter zu schützen. Die Interpretation eines Wohnens im Grünen wird unterstützt durch frühere Planüberlegungen der Architekten. Es war gedacht, innerhalb der umhüllten Fläche kleine Gartenhöfe zu schaffen. Daneben waren Küche und Schlafzimmer in eigenen kleinen Häusern inmitten des großen Raums untergebracht.
Die gebaute Lösung hat aber immer noch genügend Charme. Sie ist vielleicht nicht ganz so poetisch, weil die rückwärtige Spange mit den Nebenräumen das Grundrißbild strenger gestaltet, wenn auch der große Raum davor ohne Störung bleibt. Das ist aber nur beim Betrachten der Pläne auffallend. In Wirklichkeit ist der Raum noch genügend lebendig. Dazu trägt vor allem das Material bei. Das stark gemaserte Sperrholz auf Boden, Wand und Decke ist nicht nur lebendig in der Oberfläche, es hat darüber hinaus noch den Vorzug, das Provisorische, den fliegenden Bau mit zu charakterisieren. In zwei Achsen des Wohnbereichs wird aus dem Kistensperrholz gar ein Tonnengewölbe gebaut. Die Tonnen sind das einzige, formale Element, die das Haus zieren. Das Gebäude verträgt das ganz gut. Denn die übrigen Formen, das Raster der Fassade oder das Gespinnst der Tragkonstruktion unter der Dachhaut beziehen ihre Form aus der Konstruktion.
Jourda und Perraudin haben das filigrane Wohnmaschinchen vom Boden etwas abgehoben und auf eine Plattform aus Holzbrettern gesetzt. Dadurch scheint das Haus zu schweben. Ein schöner Kontrapunkt zum Grundstück, einem durch Mauern gefaßten ehemaligen Pfarrgarten.

*minimum needed to provide protection against wind and weather. The interpretation of living in the country is supported by the architects' earlier design ideas. Originally, they planned to create small garden courtyards within the enclosed area. Alongside these, the kitchen and bedrooms were to have been accommodated as small independent house cells within the large main space. The final built solution still has ample charm. Perhaps it is not so poetic, because the rear tract with the ancillary spaces means a much stricter layout, even if the large space in front of it remains uninterrupted. But this aspect is only really apparent when one studies the plans. In reality the main space is still very animated. The materials make a major contribution in this respect. The boldly grained plywood to floors, walls and ceilings not only creates a lively surface. It also reinforces the sense of the provisional, of the temporary building. Over two bays of the living area a barrel-vault ceiling is built with this plywood. The barrel vaulting is the only formal element to grace the house.*
*The building can well afford this, for the other aspects of the articulation – the façade grid or the branch-like system of the framework supporting the roof skin – derive their forms from the structure.*
*Jourda and Perraudin have raised this little, filigree »machine for living in« slightly above the ground and set it on a platform of timber boards. The building seems to hover, as a result, forming a lovely counterpoint to the site – a former presbytery garden enclosed by walls.*

*Stephane Couturier*

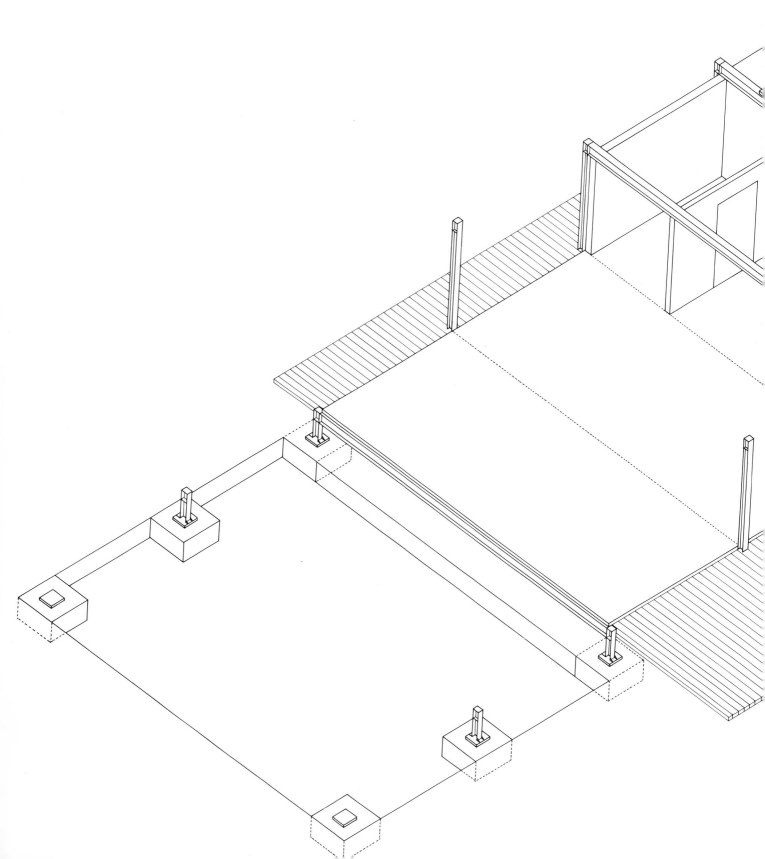

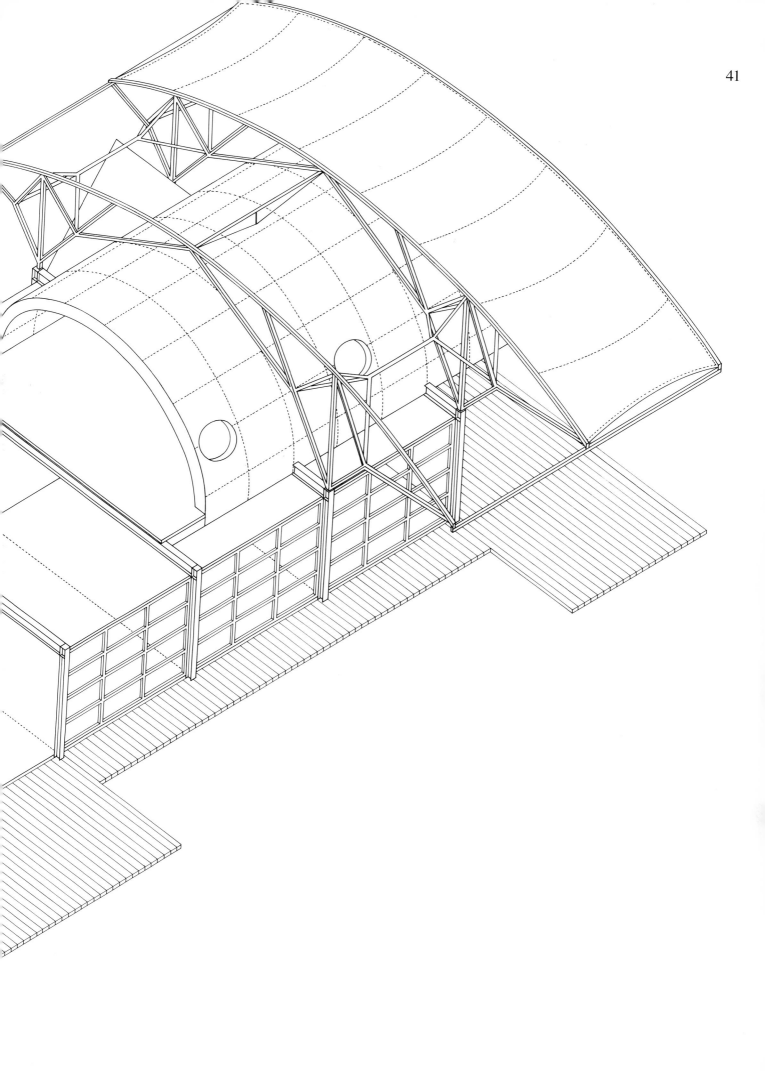

**Wohnhaus /** *House*

**Pötzleinsdorf**
**Wien /** *Vienna*
**Österreich /** *Austria*

**1988 – 1990**

Mit den sich widersprechenden Begriffen »Hinwendung« und »Autonomie« liefert der Architekt Stichworte zum Verständnis seines Hauses. Das Haus habe zum einen mit der Landschaft etwas zu tun, etwa durch das Eingehen auf die Nord- Südachse, auf der sich das Haus symmetrisch aufbaut. Zum andern sei das Haus der umgebenden Landschaft gegenüber autonom. Nun, der Unterschied zu Gebäuden, die sich der Natur unterordnen sollen, wird dem Betrachter schnell klar; so gesehen ist die halbe Ellipse auch keine Form, die sich aus der Natur ergibt, sondern eine, die auf dem Reißbrett entsteht. Doch so einfach ist das auch wieder nicht. Oder haben sie nun das Haus begriffen?

Dabei wird das Thema des Widerspruchs schnell deutlich: Da sieht man eine Fassade aus Brettern, einer Konstruktion, die von einfachen traditionellen Bürgerhäusern her stammt. In dieser Außenhaut, die sich etwas vernakular gibt, sind aber horizontale Fensterbänder einge-

bracht, die wiederum aus einer anderen Architektur stammen: aus der Moderne. Die geschwungene Form läßt einen ebenso bewegten Umgang mit dem Grundriß erwarten: aber auch das ist nicht der Fall. Von vorne meint man, das Haus sei eckig, doch von hinten ist es rund. . .

Auf dem Weg um und durch das Haus werden wir ständig in unserer Wahrnehmung getäuscht. Immer dann, wenn man glaubt, man habe nun einen Anhaltspunkt für diese oder jene Oberfläche, so stellt sich das Gegenteil heraus. Wer nun an die Thesen von Robert Venturi denkt, der kann vielleicht einen verständlichen Aspekt der Arbeit erkennen. Krischanitz geht aber mit seinem Projekt weiter. Er meidet den Gegenstand als Zitat. Teile, die man aus anderen Zeiten und Geographien kennt, werden nicht erkennbar angepinnt. Die Holzfassade aus dem ersten Stock des Kleinbürgerhauses hat ja tatsächlich ihre schließende Funktion als Fassade, und das Fensterband ist tatsächlich auch für die Belichtung von links nach

rechts im Raum zuständig. Die Teile, die uns vertraut sind, werden also auch konstruktiv so verwendet, wie wir es von ihnen gewohnt sind. So schließt das Ungewohnte bei diesem Haus eine seltsame Freundschaft mit dem Gewohnten. Nicht in der aufgeregten Art und Weise, wie das bei den Gebäuden der Fall ist, die den neuen Stilen – der Postmoderne oder dem Dekonstruktivismus – zuzuordnen sind. Das Haus ist wie ein neues Haus in einer zeitlosen Zeit. Nirgends anderswo kann ein solches Gebäude entstehen wie in der Zeitlosigkeit der Wiener Gesellschaft. Das Haus verlangt einen aktiven Umgang mit der Architektur. Von Goethe gibt es das Zitat, eine Umgebung von bequemen, geschmackvollen Möbeln hebe sein Denken auf, versetze ihn in einen behaglich passiven Zustand und deshalb seien alle (diese) Bequemlichkeiten gegen seine Natur. So kann der eingangs erwähnte Widerspruch als Thema für das Haus doch einen Sinn machen.

*In the two contradictory terms »outwardness« and »autonomy« the architect provides clues to an understanding of his house. On the one hand, it has something to do with the landscape, he says, through the line of access on the north-south axis, for example, about which the house is symmetrically laid out. On the other hand, the house is independent of the surrounding landscape. The difference between this house and buildings that are designed to subject themselves to nature soon becomes apparent to the observer. Seen in this light, the half ellipse is not a form derived from nature but one developed on the drawing board. But the matter is not as simple as that either – or have you already grasped the principle underlying the design of the house? The theme of contradictions or oppositions soon becomes apparent. The façade is clad with boarding – a form of construction derived from*

*simple, traditional, middle-class town houses. Set in this outer skin, with its vernacular echoes, are horizontal strip windows, the source of which is quite another architecture – the Modern Movement. The curved form suggests a comparably fluid layout. But again expectations are not fulfilled. Viewed from the front, the building seems angular, from the rear, one thinks it is round . . . On the route round and through the house perceptions are constantly being deceived. Whenever one believes one has a point of reference for a certain surface, the opposite proves to be the case. Robert Venturi's theories may help towards an understanding of this design. But Krischanitz takes his scheme a stage further. He avoids using objects as quotations. Elements that one knows from other times or places are not held up to display. The timber façade – taken from the first floor of a lower-*

*middle-class house – retains its true function as a closing skin and façade; and the strip window really functions as a means of lighting the sequence of spaces within. The parts with which we are familiar are thus constructively used in the manner we expect. In this way, the unfamiliar enters into a curious liaison with the familiar; but not in the agitated manner one finds in buildings of the new styles of Post-Modernism and Deconstructivism. The building is like a new house in a timeless age. Nowhere else could such a structure be created as in the timelessness of Viennese society. The house demands an active approach to architecture. Goethe once said that surroundings with comfortable, tasteful furnishings nullified his thoughts, put him in a relaxed passive state; and therefore all (such) comforts were against his nature. In this light, the contradictions mentioned at the outset make sense as the theme of this house.*

*Margherita Krischanitz*

44

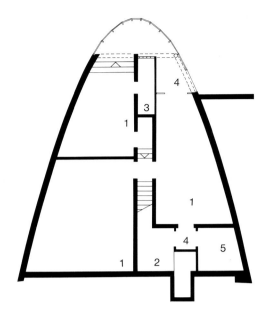

Ebene 0 / *Level 0*

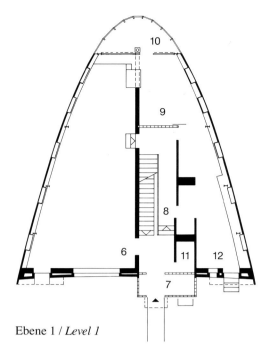

Ebene 1 / *Level 1*

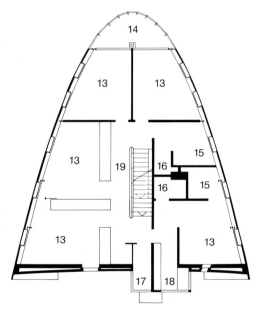

Ebene 2 / *Level 2*

| Ebene 0: | 1 Arbeiten | *Level 0:* | *1 Workroom* |
| | 2 Lager | | *2 Store* |
| | 3 WC/Dusche | | *3 WC/Shower* |
| | 4 Vorraum | | *4 Ante-room* |
| | 5 Heizung | | *5 Heating* |
| Ebene 1: | 6 Wohnen | *Level 1:* | *6 Living room* |
| | 7 Eingang | | *7 Entrance* |
| | 8 Gang | | *8 Hall* |
| | 9 Essen | | *9 Dining room* |
| | 10 Wintergarten | | *10 Conservatory* |
| | 11 WC | | *11 WC* |
| | 12 Kochen | | *12 Kitchen* |
| Ebene 2: | 13 Zimmer | *Level 2:* | *13 Room* |
| | 14 Luftraum | | *14 Void* |
| | 15 Bad | | *15 Bathroom* |
| | 16 WC | | *16 WC* |
| | 17 Loggia | | *17 Loggia* |
| | 18 Hauswirtschaft | | *18 Utilities room* |
| | 19 Gang | | *19 Hall* |
| Ebene 3: | 20 Studio | *Level 3:* | *20 Studio* |

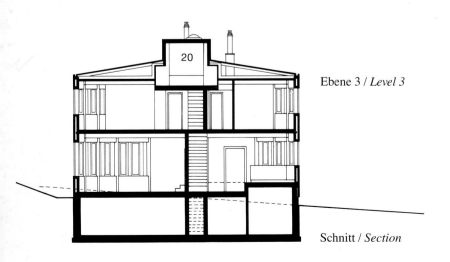

Ebene 3 / *Level 3*

Schnitt / *Section*

*Margherita Krischanitz*

## Haus Prince / *Prince House*

**Kalifornien /** *California*
**Nordamerika /** *USA*

**1990**

Wenn Studenten zu Beginn eines Architekturstudiums gebeten werden, sie mögen ihr Traumhaus zeichnen, so sind die Raumkanten sehr oft in geschwungenen Formen dargestellt. Die meisten Hochschulen bringen es fertig, ihre Studenten an die Reißschiene zu zwingen. Der Architektenalltag ist in der Mehrzahl doch gerade davon geprägt.

Dabei sind organische Formen aus der Architektur immer wieder ein Thema. Man findet sie bei dem späten Frank Lloyd Wright, durch dessen Einfluß sie auch in Amerika einen eigenen Platz haben. Vielleicht ist auch das Haus und die Architektursprache von Bart Prince auf diesen Einfluß zurückzuführen.

Aber ist es nicht so, daß der Blick auf den Grundriß des Hauses Prince einen emotional ganz anders anspricht, als der eines rechteckigen oder gar

gerasterten Hauses. Man sieht, wie Räume sich öffnen und schließen, wie sich ganz natürlich Wege bilden und Räume fließend ineinander übergehen. Selbst die Treppen, sonst die geometrischsten Figuren im Plan, sind in eine freie Form gebracht. Natürlich eignen sich der Bauplatz wie auch das Programm vorzüglich für einen organischen Aufbau. Das Gelände grenzt an den Pacific südlich von Los Angeles. Neben dem Traumgrundstück ist auch die große Anzahl der Räume, der reichliche Platzbedarf wie auch das Einbinden eines Swimming-pools eine Traumaufgabe. So hat das Haus eine Größe und Ausstattung, die in europäischen Verhältnissen nahezu undenkbar ist. Das Herz der Anlage ist der Swimming-pool. Er wird umschlossen von der Garage und den Wohnräumen. Im ersten Geschoß wird

darüber eine Suite von Zentralräumen gelegt, die in eigenartiger Spannung zueinander stehen: es sind Zentralräume in deren Überschneidungen und damit Übergängen jeweils Niveauunterschiede stattfinden. Bemerkenswert ist auch der große Hut des Dachs, das wie ein Stück Gletscher den westlichen Teil des Hauses überragt. An anderen Teilen, wie zum Beispiel den eben beschriebenen Raumfolgen im ersten Obergeschoß, sind die Kuben großen Insekten oder Pflanzen ähnlich. Die Kreisförmigen des großen Schlafraums und der Küche im Süden sind schon fast geometrisch geraten.

Beim Studium des Hauses fallen immer wieder neue Formen und Interpretationsmöglichkeiten dafür auf. Es ist eine unendliche Geschichte. Vielleicht doch ein »Traumhaus«?

*When students are given the task, at the beginning of their architectural studies, of designing their dream house, the edges of the spaces are often drawn curved. Most universities and schools of architecture manage to yoke their students to T-square and set square. That is the everyday reality of architecture in the majority of cases. On the other hand, organic forms are a recurring theme in architecture. One finds them in the later works of Frank Lloyd Wright, whose influence assured them a place of their own in America. Perhaps this house, designed by Bart Prince, and its architectural language can also be attributed to this influence. Doesn't the layout of the Prince House strike one emotionally in quite a different way from that of a rectilinear plan or indeed a grid layout? One sees*

*how spaces open and close, how natural routes are created and spaces flow into each other. Even the stairs, which usually represent the most geometric elements in a plan, are given a free form here. Of course, the site and the brief were ideally suited to an organic design. The site is on the edge of the Pacific, south of Los Angeles. In addition to the magnificent location, the large number of rooms, the extensive spatial requirements, and the incorporation of a swimming-pool all went to make up a project of which architects dream. The house has a size and appointment that are almost unthinkable in European circumstances. The heart of the complex is formed by the swimming-pool, around which the garage and the various living areas are arranged. On the first floor above this, a central*

*suite of rooms is laid out, the spaces set in a remarkable state of tension to each other. At the points of intersection of these central spaces, in the transitional zones between one room and the next, changes of level occur. Another striking feature is the large, hat-like roof pulled over the western part of the house, where it assumes the forms of a glacier. Elsewhere, as in the above-mentioned sequence of spaces on the first floor, are volumetric forms resembling large insects or plants; whilst the curving lines of the large bedroom and the kitchen to the south are almost geometric. On closer study, one finds ever new forms and possible interpretations of the house. It is a never-ending story – perhaps a »dream house« after all.*

48

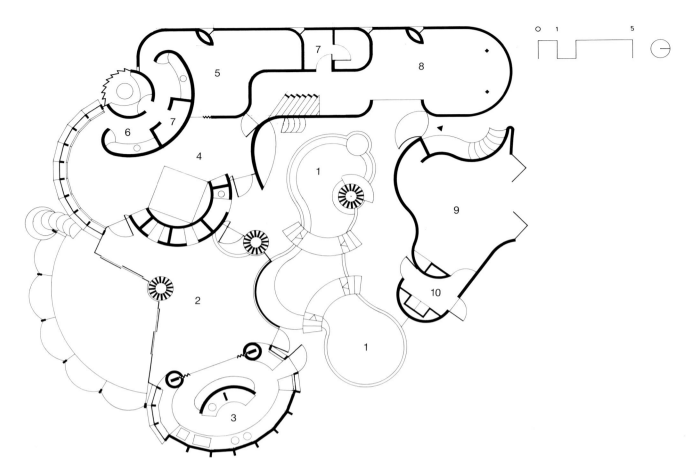

Ebene 0 / *Level 0*

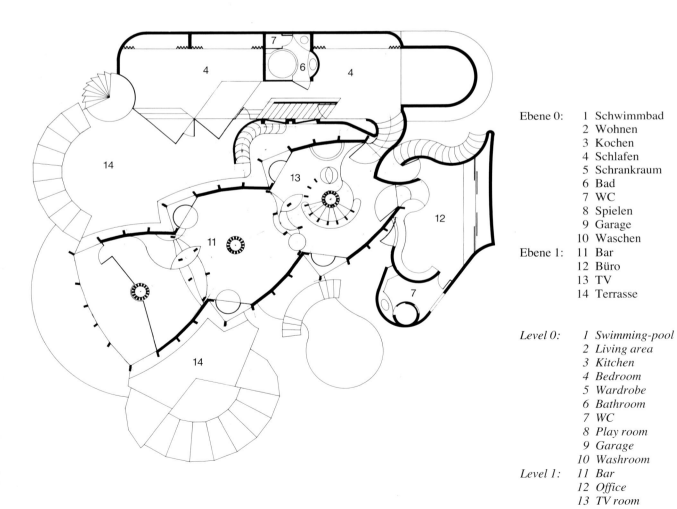

| Ebene 0: | 1 | Schwimmbad |
|---|---|---|
| | 2 | Wohnen |
| | 3 | Kochen |
| | 4 | Schlafen |
| | 5 | Schrankraum |
| | 6 | Bad |
| | 7 | WC |
| | 8 | Spielen |
| | 9 | Garage |
| | 10 | Waschen |
| Ebene 1: | 11 | Bar |
| | 12 | Büro |
| | 13 | TV |
| | 14 | Terrasse |

| *Level 0:* | *1* | *Swimming-pool* |
|---|---|---|
| | *2* | *Living area* |
| | *3* | *Kitchen* |
| | *4* | *Bedroom* |
| | *5* | *Wardrobe* |
| | *6* | *Bathroom* |
| | *7* | *WC* |
| | *8* | *Play room* |
| | *9* | *Garage* |
| | *10* | *Washroom* |
| *Level 1:* | *11* | *Bar* |
| | *12* | *Office* |
| | *13* | *TV room* |
| | *14* | *Terrace* |

Ebene 1 / *Level 1*

**Haus Rentschler / *Rentschler House***

**Mühleweg**
**Waiblingen-Beinstein**
**Deutschland /** *Germany*

**1986 – 1987**

Ein Thema, das immer mehr an Bedeutung gewinnen wird, ist der gesundheitsbewußte Umgang mit dem Baumaterial.
Eines der Büros, die sich mit großem ideellen Aufwand der Baubiologie annehmen, führen die Architekten Eble und Sambeth. Man kann über die Gestalt ihrer Gebäude geteilter Meinung sein, denn die Vorstellung des »Gesunden« soll sich ja nicht nur auf das Material, sondern auch auf dessen natürliche Verwendung erstrecken. Das ist der Grund für die Ablehnung allzu straffer und geradliniger Formen, wie sie vielen Gebäuden moderner Architekten eigen ist. Wohnlichkeit, ein Wort das nahe an Gemütlichkeit liegt, spielt natürlich in gleichem Maße eine Rolle wie die behagliche Ausstrahlung des Hauses. Es ist auch vielfach festzustellen, wie manche Arbeiten von den Gedanken Rudolf Steiners beeinflußt sind.
Mit der naturbelassenen Holzverkleidung, dem Mauerwerk aus Leicht-

ziegeln und dem großen Wintergarten nach Süden macht das Haus unzweifelhaft den Eindruck, daß darin ökologisch- wie auch gesundheitsbewußte Bewohner leben. Am Rande eines früheren Dorfs, das sich zur Schlafstadt neben einer Großstadt entwickelte, steht das relativ kleine Gebäude. Die Gestalt ist kleingliedrig, die Formen traditionellen Bauweisen entnommen. Es hat nicht die synthetische Frische gepflegter Wohnbauten, im Gegenteil: es ist eher ein »Bohémien« unter den gezeigten Beispielen.
Was zufällig aussieht, ist jedoch genau überlegt. Die naturbelassene Holzverkleidung soll nicht gestrichen werden, weil die verwitterte Oberfläche sich selbst schützt. Der fleckige Anstrich des Hauses rührt vom mineralischen Anstrich her, im Gegensatz zu synthetischen Farben ändert die mineralisch gebundene Farbe ihre Dichte je nach der Beschaffenheit des Untergrundes. So wie eine

Ledertasche erst durch den langjährigen Gebrauch eine Patina bekommt, so schätzen die Architekten und ihre Bauherren die Spuren der Alterung. Dazu gehört natürlich auch, daß so ein Gebäude ruhig von Pflanzen zuwachsen kann.
Im Innern der Häuser fallen zunächst weniger die Farben oder Materialien auf, mehr der Geruch. Es ist, als würde einem etwas lang vergessenes bewußt: daß die Wahrnehmung von Umgebung und damit der Architektur nicht nur auf dem Sehen beruht. Es ist der wesentliche Teil einer gewünschten Behaglichkeit. Sie wird natürlich auch von den klimatischen Eigenschaften des Gebäudes bestimmt: dem Kachelofen als Grundheizung, dem Wintergarten zur Ausnutzung passiv solarer Energie und einer zusätzlichen Gasheizung für die kältesten Tage. Dicke Wände zu den der Sonne abgewandten Seiten sollen die Wärme speichern.

*A subject that will be of ever-increasing importance in the future is the use of materials that are compatible with human health. The architects Eble and Sambeth are very much concerned with ecologically sound construction. One may not always agree with the form of their buildings, for the concept of »health« in design is not restricted to the materials used, but should include their natural application and treatment. That is the reason for the rejection of all-too rigid, straight-line forms, as found in many buildings by modern architects. Comfortable living conditions – a term that is not far removed from »cosiness« (»Gemütlichkeit«), with all its commonplace associations – play just as important a role as the sense of well-being that a house radiates. One should also remark how many designs of this office are influenced by the anthroposophical ideas of Rudolf Steiner.*
*With its untreated timber cladding, its*

*walls of lightweight brickwork and its large south-facing conservatory, the house gives the clear impression that its occupants are ecologically-minded, health-conscious people. This relatively small house is situated on the edge of what was once a village that has now developed into a dormitory town near a big city. The articulation of the building is small in scale, and the forms are derived from traditional methods of construction. The Rentschler House has none of the synthetic freshness of certain well-manicured housing designs. On the contrary, it is something of a »bohemian« among the schemes shown here.*
*What at first sight appears to be fortuitous is in fact carefully considered. The natural, untreated timber cladding was deliberately not painted, since the weathering of the surface is a protection in itself. The patchy appearance of the walls is the result of a mineral coating. In contrast to*

*synthetic coatings, mineral-based products vary in density according to the ground to which they are applied. Just as a leather bag acquires a patina after many years of use, so the architects and their clients appreciate these tokens of ageing. Another aspect of this, of course, is that the building may be overgrown by plants. Inside the house it is not so much the colours or materials that are striking as the smell. It is as if something long forgotten were called to mind – the fact that we perceive our surroundings, and therefore architecture, not just through the eyes. This is a major element of the desired sense of well-being. It is, of course, also influenced by the climatic properties of the building: the tiled stove as the basic form of heating, the conservatory for the exploitation of passive solar energy, and additional gas-fired heating for the coldest days. Thick walls along the sides turned away from the sun are designed to conserve heat.*

52

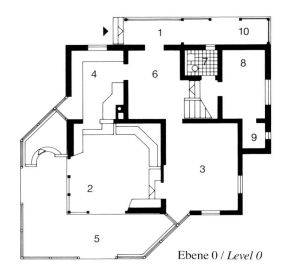

Ebene 0 / *Level 0*

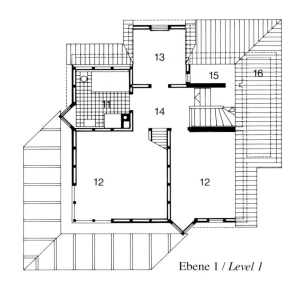

Ebene 1 / *Level 1*

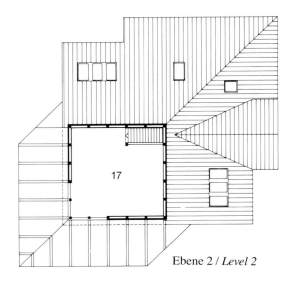

Ebene 2 / *Level 2*

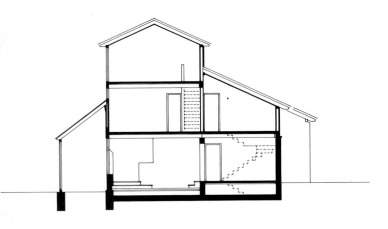

Schnitt / *Section*

| Ebene 0: | 1 | Eingang |
|----------|----|---------|
| | 2 | Essen |
| | 3 | Wohnen |
| | 4 | Kochen |
| | 5 | Wintergarten |
| | 6 | Diele |
| | 7 | WC |
| | 8 | Keller |
| | 9 | Vorrat |
| | 10 | Fahrräder |
| Ebene 1: | 11 | Bad |
| | 12 | Schlafen |
| | 13 | Schrankraum |
| | 14 | Flur |
| | 15 | Hauswirtschaft |
| | 16 | Abstellraum |
| Ebene 2: | 17 | Hobbyraum |

| Level 0: | 1 | *Entrance* |
|----------|----|---------|
| | 2 | *Dining room* |
| | 3 | *Living room* |
| | 4 | *Kitchen* |
| | 5 | *Conservatory* |
| | 6 | *Hall* |
| | 7 | *WC* |
| | 8 | *Cellar* |
| | 9 | *Store* |
| | 10 | *Bicycle store* |
| Level 1: | 11 | *Bathroom* |
| | 12 | *Bedroom* |
| | 13 | *Cupboards* |
| | 14 | *Landing / Hall* |
| | 15 | *Utilities room* |
| | 16 | *Storage space* |
| Level 2: | 17 | *Hobby room* |

*Dieter Leistner*

**Villa Haans /** *Haans Villa*

**Hondsbergselan**
**Oisterwijk**
**Holland /** *Netherlands*                                                    **1988 – 1989**

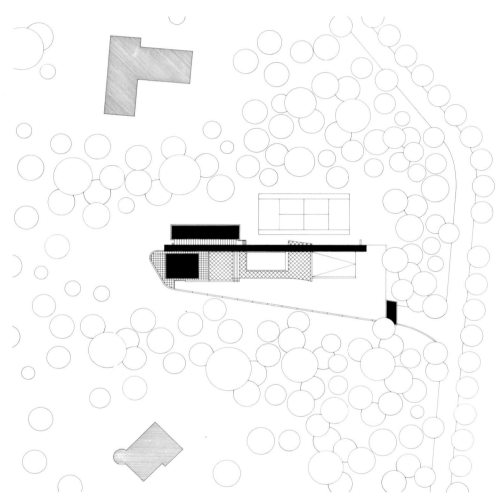

Das Haus ist aus der besonderen
Situation heraus entwickelt, die sich
aus einem schmalen Grundstück im
Wald ergibt. Es hat genügend Abstand
zu den benachbarten Gebäuden. Nur
die Bäume stehen im Dialog mit der
großen liegenden Wandscheibe, die
sich von der Straße aus nach Nordwe-
sten entwickelt.
Das Projekt ist in einer Reihe mit den
großen Beispielen von repräsentati-
ven Villen zu sehen, die im zwanzig-
sten Jahrhundert Geschichte machten.
Noch heute ist es eine Bauaufgabe,
die ohne allzu enge Bindung an ein
Budget zu individuellen Architektur-
entwürfen führt. Villen sind damit

Prototypen für andere Bauaufgaben,
so, wie zum Beispiel die frühen Villen
Corbusiers, insbesondere die Villa
Savoy. Gerade im Licht der Schöpfun-
gen Corbusiers vermag Jo Coenens
Haus die immer noch bestehende
Aktualität der Moderne zu vermitteln.
Vielleicht war ihm gerade der poeti-
sche Inhalt, der der Moderne so oft
abgesprochen wird, sehr wichtig. So
wird das Haus gekrönt durch eine
geschwungene Dachform, gerade so,
als ob für Le Corbusier die Flagge
gehißt wurde.
Ein ungewöhnlich reizvoller Beitrag
ist in dem Vorfeld des Hauses zu
sehen, in der Art der Wegeführung

zum Haus vorbei an der Garage, wie
auch der Weg zurück aus dem Haus
auf der höheren Ebene des Schwimm-
bads. Das Spiel mit den unterschiedlichen Ebenen, breiten und schmalen
Treppenstufen, von engen und weiten
Raumeinheiten führt zu einem
fließenden Ineinander offener und
geschlossener Räume, der Vernetzung
von Innen und Außen, eben so, wie es
dem Prinzip des »freien Grundriß« in
idealer Weise entspricht.
Bei der Promenade durch das Haus
gibt es zwei unterschiedliche Eingänge: einen für den Besucher, der
sich am Ende der gerundeten Wand
befindet und dem Zugang für den

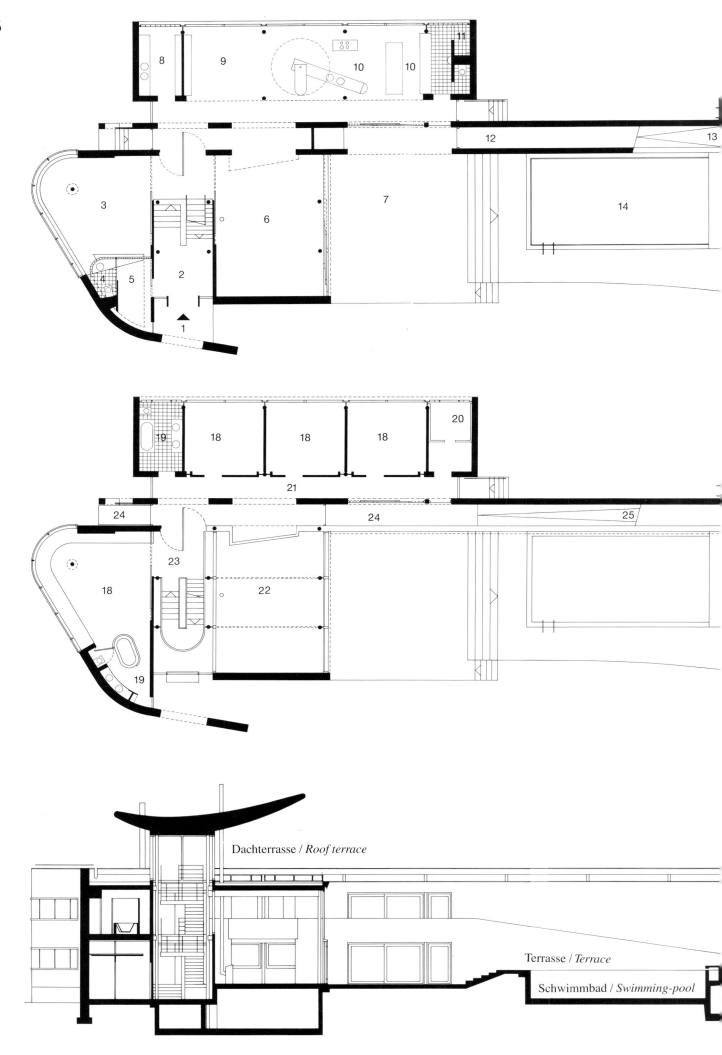

Dachterrasse / *Roof terrace*

Terrasse / *Terrace*

Schwimmbad / *Swimming-pool*

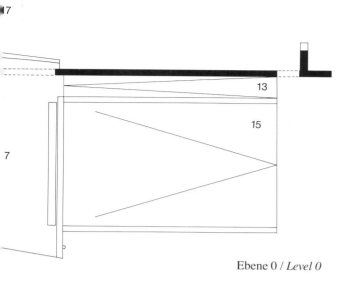

13

15

7

7

Ebene 0 / *Level 0*

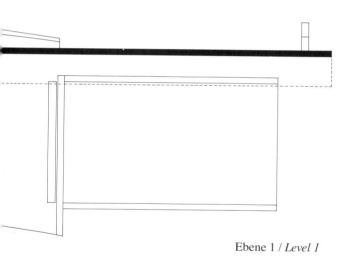

Ebene 1 / *Level 1*

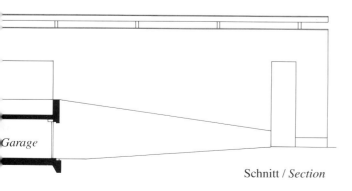

*Garage*

Schnitt / *Section*

0   1          5

58 Eigentümer von der Garage her. So erhält der Architekt zwei Wege oder besser gesagt Achsen, die in rechtem Winkel zueinander liegen.

Damit werden die Erschließungselemente das Gerüst für den gesamten Entwurf. Das Thema der eingangs erwähnten langen Wand wird neben der Wegführung dazu benutzt, den nüchternen rechteckigen Baukörper von Küche und Schlafräumen und von dem geschwungenen Wohnteil zu trennen. Die doppelgeschossige Wohnhalle wird wiederum durch eine doppelläufige Treppe von dem geschwungenen Gebäuteteil separiert. Man kann aber auch umgekehrt sehen, wie die Räume trotz ihrer Trennung fließend miteinander verbunden werden. Beim Wohnraum ist das der Fall bei der großen Öffnung in der langen Wand, die ein Zusammenschluß von Wohnen und Essen bewirkt. Auch im Schnitt werden Beziehungen auf den verschiedenen Ebenen deutlich: von den Schlafräumen auf den tieferliegenden Wohnraum und die davorliegende Terrasse.

*The house was developed from the specific circumstances of its location – a narrow site in a wooded area. It maintains a certain distance to the neighbouring buildings. The long wall slab, extending in a north-westerly direction from the road, conducts a dialogue solely with the trees.*

*The project may be compared with those great examples of prestigious villas that made architectural history in the twentieth century. Even today it is still the sort of commission that leads to highly original architectural design – if it is not bound by all too tight budgetary constraints. Villas are therefore prototypes for other forms of building. As an example of this, one could cite the early villas of Le Corbusier and in particular the Villa Savoye. In the light of Le Corbusier's creative work, Jo Coenen's house communicates the continuing topicality of the Modern Movement. Perhaps it was the poetic content – so often said to be lacking in modern architecture – that was important to him. The house is crowned by a curving roof, rather as if a flag were being hoisted for Le Corbusier himself.*

*An unusually attractive feature is the approach to the house: the planning of the route up to it, leading past the garage; and the way the return route from the house takes the higher level past the swimming-pool. The interplay of different levels, wide and narrow stairs, expansions and contractions creates a sequence of open and closed spaces that flow into each other, and an interweaving of interior and exterior. The house also conforms ideally with the principle of the »free plan layout«. Two different entrances provide access to the route through the house itself. One is for visitors and is located at the end of the curved wall. The owners' entrance is from the garage. The architect has thus created two paths or axes at right angles to each other. The access elements form the framework for the whole design. As well as providing a bearing for the access route, the long wall mentioned at the beginning serves to divide the sober, rectangular tract containing the kitchen and bedrooms from the curved living areas. The two-storey, hall-like living room is also separated from the curved part of the building by a two-flight staircase. Conversely, however, one can also see how the individual spaces flow into each other and merge, despite these divisions. In the living area this can be seen in the broad opening in the long wall, creating a link between living and dining areas. The longitudinal section also illustrates the relationships that exist between the various levels – between the bedrooms on the upper floor, and the living space and the terrace in front of it on the floor below.*

*Deimel und Wittmer*

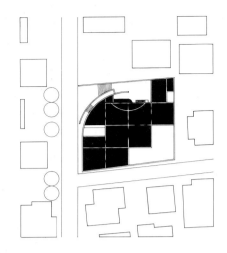

**Haus Kidosaki / *Kidosaki House***

**Tokyo
Japan**

Als Fußgänger sieht man nur hohe Betonmauern. Eine große Rundung an der einen Straßenseite macht gerade soviel Platz, daß ein kleiner Platz mit einem Baum vor dem Eingang entsteht. An dieser Stelle geht an der Außenseite der geschwungenen Betonschale eine Treppe nach unten; kurz davor führt rechter Hand eine Treppe nach oben. Nur von der Luft aus oder auf dem Lageplan erkennt man, wie hinter den Mauern ein regelmäßiger Kubus steht, der in seiner Größe den umliegenden Gebäuden entspricht. Sonst ist mit Ausnahme der Garage die Wand geschlossen, was die Eingangssituation besonders hervorhebt.
Natürlich macht eine große Mauer immer neugierig. Die regelmäßige Ornamentierung durch die Spannlöcher in der sorgfältig gearbeiteten Betonschale läßt etwas nobles erwarten. Insofern hat der Entwurf allein schon durch die Art, wie das Grund- stück gefaßt wird, eine ungeheure Spannung. Man ist neugierig, wie die Bewohner dahinter leben, die sich nicht nach außen repräsentieren wollen, sondern sich vor den Blicken von der Straße her schützen.
Innerhalb des für japanische Verhält- nisse typisch kleinen Grundstücks liegt der Kubus (12 x 12 m), in dem sich unter Ausnutzung der Zwischen- räume zur Gartenmauer drei Wohnun- gen befinden. Diese Wohnungen sind nun ineinander und übereinander so in sich geschachtelt, daß alleine das Nachfahren des labyrintisch erschei- nenden Wegs mit dem Finger auf den Grundrissen und Schnitten, ein spannendes Unternehmen ist. Wer allerdings die Möglichkeit hat, selbst durch dieses Haus zu gehen, dem erscheinen die Wege- und Raumfol- gen gar nicht so kompliziert zu sein. Die Engstellen an den Fluren oder Treppen bewirken, daß die eigentli- chen Räume sehr viel größer erschei- nen, als sie es in Wirklichkeit sind. Die großzügige räumliche Wirkung wird durch die Terrassen und Licht- höfe, die sich vielen Räumen zuord- nen, unterstützt.
Die Wohnungen werden von einem Ehepaar und dessen Eltern bewohnt, wobei die Eltern eigene in sich abgeschlossene Appartements haben. Das kann vielleicht eine Erklärung für das ineinander verwobene räumliche Spiel sein. Die Wohnungen sind zwar getrennt, aber doch wieder miteinan- der verbunden. Sie erinnern an Pflanzen, die in Symbiose leben, jede eigenständig und doch um zu leben aufeinander angewiesen.
So wie die große Form der Mauer und die Figur des Kubus diese Vielfalt in sich aufnehmen, so wird durch die konsequente Anwendung des Stahlbe- tons für Wände und Decken die Heterogenität zu einem Ganzen verbunden.

*As a pedestrian walking past outside, one sees nothing but high concrete walls. A broad curve along one street face allows the creation of a small open space with a tree in front of the entrance. At this point, on the outer face of the curved concrete wall, a flight of steps descends from the road. Shortly before one reaches this point, there is another flight of steps on the right leading upwards. Only when viewed from above or in the plans does one see that behind these walls stands a regular cube corresponding in its proportions to those of the surround- ing buildings. Otherwise, with the exception of the garage access, the outer wall is unbroken, a circum- stance that heightens the drama of the entrance situation in particular. A high wall always arouses people's curiosity, of course. The regular ornamentation created by the formwork fixing holes in the carefully constructed concrete shell suggests something noble. Alone in the way the site is framed and enclosed, the design acquires a tremendous tension. One is curious to know how the occupants live behind these walls, since there are no clues on the outside. The residents screen themselves off from prying glances from the street. Inside the walls, on this small site typical of Japanese conditions, lies the actual cube (12 x 12 m on plan). Within this, and using the intermediate spaces between the cube and the garden walls, are three dwellings. These are so stacked and interlocked in and over one another that it is an exciting exercise in itself to trace the seemingly labyrinthine path through the plans and sections with one's finger. Anyone who has the opportu- nity to go through the actual rooms of the house, however, will find that the route and the sequence of spaces are not so complicated after all. The constrictions created by halls and staircases make the actual rooms seem much larger than they really are. This generous spatial effect is enhanced by the terraces and light wells adjoining many of the rooms.
The dwellings themselves are oc- cupied by a married couple and their parents. The parents each have their own, self-contained apartments. That may provide one explanation for the convoluted spatial puzzle. The dwellings are discrete, yet linked with each other – analogous perhaps to plants that live in a state of symbiosis, each independent, yet dependent on each other.
Just as the large-scale forms of the wall and the cube accommodate all this diversity, so the consistent use of reinforcced concrete for walls and floors helps to unify the heterogeneous content into a whole.*

Tadao Ando

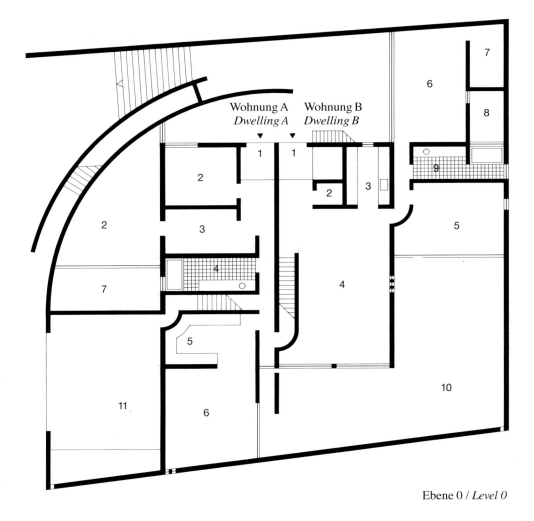

Wohnung A    Wohnung B
*Dwelling A*   *Dwelling B*

Ebene 0 / *Level 0*

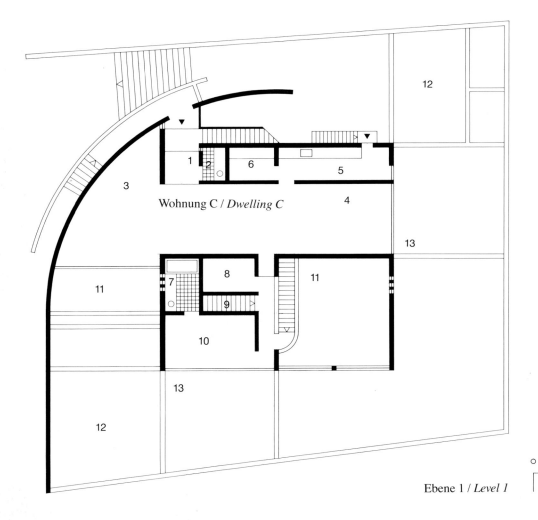

Wohnung C / *Dwelling C*

Ebene 1 / *Level 1*

Tadao Ando

Yoshio Shiratori

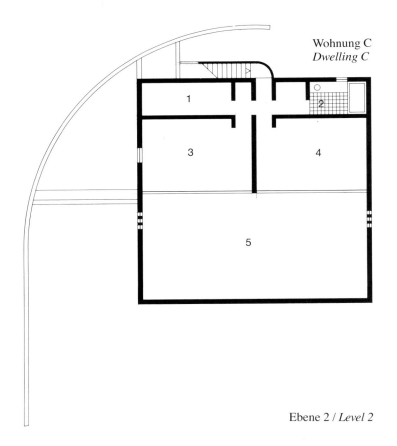

Wohnung C
*Dwelling C*

Ebene 2 / *Level 2*

Ebene 0: Wohn. A:   1 Eingang
2 Schlafen
3 Ankleide
4 Bad
5 Kochen
6 Wohnen
7 Wohnhof

Wohn. B:   1 Eingang
2 WC
3 Kochen
4 Wohnen
5 Essen
6 Schlafen
7 Ankleide
8 Grünbereich
9 Bad
10 Wohnhof
11 Garage

Ebene 1: Wohn. C:   1 Eingang
2 WC
3 Wohnen
4 Essen
5 Kochen
6 Abstellraum
7 Bad
8 Ankleide
9 Garagenzugang
10 Schlafen
11 Luftraum
12 Grünbereich
13 Terrasse

Ebene 2: Wohn. C:   1 Ankleide
2 Bad
3 Arbeiten
4 Schlafen
5 Terrasse

*Level 0: Dwelling A:*   1 *Entrance*
2 *Bedroom*
3 *Dressing room*
4 *Bathroom*
5 *Kitchen*
6 *Living room*
7 *Outdoor living area*

*Dwelling B:*   1 *Entrance*
2 *WC*
3 *Kitchen*
4 *Living room*
5 *Dining room*
6 *Bedroom*
7 *Dressing room*
8 *Planted light well*
9 *Bathroom*
10 *Outdoor living area*
11 *Garage*

*Level 1: Dwelling C:*   1 *Entrance*
2 *WC*
3 *Living area*
4 *Dining area*
5 *Kitchen*
6 *Larder / Store*
7 *Bathroom*
8 *Dressing room*
9 *Garage access*
10 *Bedroom*
11 *Void*
12 *Planted courtyard*
13 *Terrace*

*Level 2: Dwelling C:*   1 *Dressing room*
2 *Bathroom*
3 *Office / Study*
4 *Bedroom*
5 *Terrace*

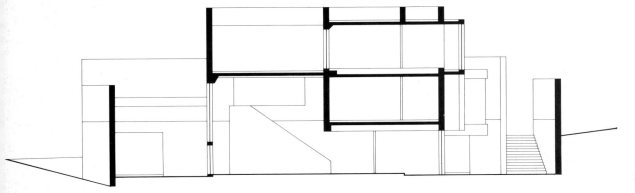

Schnitt / *Section*

*Tadao Ando*

**Haus Heinze-Manke /** *Heinze-Manke House*

**Köln-Rodenkirchen /** *Cologne*
**Deutschland /** *Germany*                                                                                    **1984 – 1988**

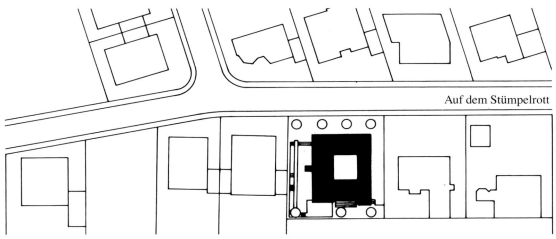

Auf dem Stümpelrott

Lageplan / *Site plan*

»Ein wichtiges Prinzip, das gerade bei der Detailplanung unerläßlich ist, ist das der ›Konstruktiven Wahrheit‹«, schreibt Heinz Bienefeld zu seinem doppelten Haus in Köln.
Was er damit zum Ausdruck bringt, ist auf den ersten Blick nicht so einfach erkennbar. Auch das Grundrißgefüge erfordert hohe Aufmerksamkeit beim Studium, ist also nicht leicht lesbar. Das liegt wohl daran, daß es überhaupt nicht in eine gängige, zeitgebundene Raumauffassung einzuordnen ist. Auf den ersten Blick ist man sich unsicher, wann dieses Haus geplant wurde, ja es macht sogar fast den Eindruck, als sei es durch jahre-

lange Benutzung und Änderung so geworden – also nicht durch Planung. Jede Fläche, Begrenzung und Linie scheint aus einem langjährigen Formprozeß heraus so entstanden zu sein.
Dieser Eindruck verstärkt sich durch das Studium aller Grundrisse, der des Hauses Heinze und der des Hauses Manke. Trotz ihrer Unterschiedlichkeit sind sie unzertrennbar ein Ganzes. Dabei handelt es sich beim Haus Manke um ein Gebäudeteil in dem drei verschiedene Wohnungen untergebracht sind, während der Gebäudeteil mit dem Atrium als Einfamilienhaus gesehen werden kann.

Wie in dem obigen Gedanken zur Konstruktion drückt auch der Plan ein Stück Wahrheit aus, die nicht meßbar ist, wohl aber empfunden werden kann. Nichts wirkt aufgesetzt, die Formen sind reich und archaisch zugleich.
Die verbindende Gegensätzlichkeit kennzeichnet auch die eigentliche Raumfolge. Kleine Räume wechseln mit großen, offene mit geschlossenen, dem dunklen Raum folgt die große Öffnung.
Die Konstruktion folgt nun ebenfalls dem Gedanken des Verbindens und Trennens. Das Dach auf der schweren Wand liegt nicht einfach auf der

*»An important principle of building and an imperative in detailed planning is that of ›constructional truth‹,«* *writes Heinz Bienefeld in the context of his two-family house in Cologne. At first glance it is not easy to recognize what he means by this. A great deal of concentration is also needed when studying the plan layout. It is not immediately legible. This is probably because it cannot be identified with any familiar spatial concept or related to a specific time. At first glance one is not sure when this building was actually planned. One almost has the impression that it has assumed its present form after years of use and*

*modification – not as a result of planning at all. Every surface, every boundary line seems to be the outcome of a long-term process of evolution.*
*This impression is reinforced by a study of the layouts – of both the Heinze House and the Manke House. In spite of their differences, they form an inseparable whole. The Manke House tract contains three different dwellings. The section of the building to which the courtyard belongs can be regarded as a single-family house. The concept of »constructional truth« mentioned above is echoed by the layout. The plan expresses a certain*

*truth that is not quantifiable, but that can very well be sensed. Nothing seems extraneous. The forms are both rich and archaic.*
*A unifying complementarity is also recognizable in the main sequence of spaces. Small and large rooms alternate, open ones and closed ones. A darker room is followed by a broad opening.*
*The construction follows a similar principle of unification and separation. The roof resting on the massive walls does not simply lie on the masonry; the columns do not support a beam without transition.*
*Everywhere there are smaller ele-*

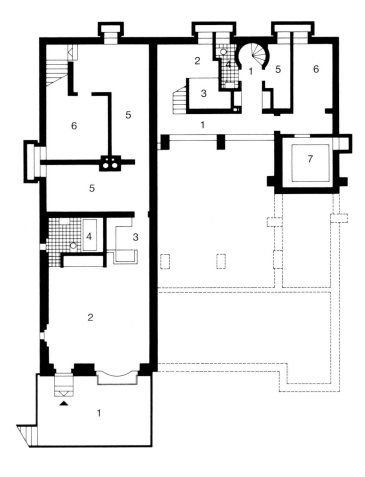

Haus Manke / *Manke House*
Ebene 0 / *Level 0*

Haus Heinze / *Heinze House*
Ebene 0 / *Level 0*

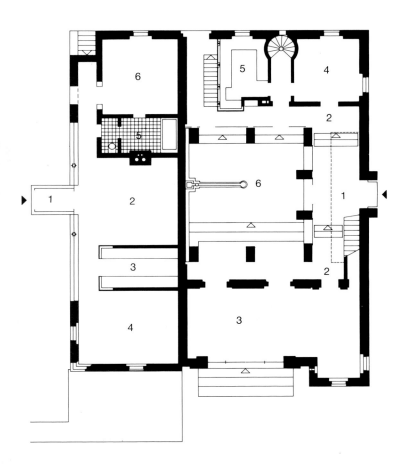

Haus Manke / *Manke House*
Ebene 1 / *Level 1*

Haus Heinze / *Heinze House*
Ebene 1 / *Level 1*

Ebene 0: Haus Manke: 1 Hof
2 Wohnen/Schlafen
3 Kochen
4 Bad
5 Keller
6 Heizung
Haus Heinze: 1 Flur
2 Hausarbeit
3 Heizung
4 WC
5 Vorräte
6 Abstellraum
7 Öltank

*Level 0: Manke House: 1 Courtyard*
*2 Living-bedroom*
*3 Kitchen*
*4 Bathroom*
*5 Cellar*
*6 Heating*
*Heinze House: 1 Hall*
*2 Utilities room*
*3 Heating*
*4 WC*
*5 Larder/Store*
*6 Store*
*7 Oil tank*

Ebene 1: Haus Manke: 1 Windfang
2 Essen
3 Kochen
4 Wohnen
5 Bad
6 Schlafen
Haus Heinze: 1 Diele
2 Flur
3 Wohnen
4 Essen
5 Kochen
6 Atrium

*Level 1: Manke House: 1. Lobby*
*2 Dining room*
*3 Kitchen*
*4 Living room*
*5 Bathroom*
*6 Bedroom*
*Heinze House: 1 Entrance*
*2 Hall*
*3 Living room*
*4 Dining room*
*5 Kitchen*
*6 Atrium*

Dorothea Heiermann

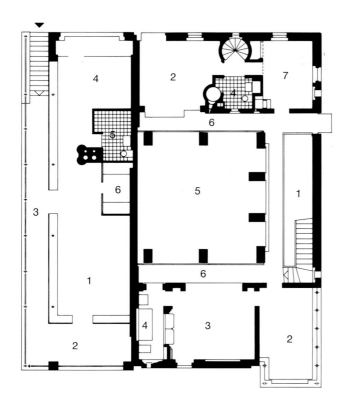

Haus Manke / *Manke House*
Ebene 2 / *Level 2*

Haus Heinze / *Heinze House*
Ebene 2 / *Level 2*

Wandfläche, und die Stütze trägt nicht einfach übergangslos einen Balken. Überall sind kleine Elemente, die eine Trennung der Teile bewirken, um sie gleichzeitig miteinander zu verbinden. So entsteht der Eindruck, als wolle sich die Dachhaut loslösen, oder die Stütze habe gar nicht viel zu tragen.
Die drei Wohnungen des Hauses

Manke sind zwar übereinander gestapelt; und sie sind doch durch unterschiedliche Zugänge und Öffnungen eigene kleine Gebäudeeinheiten, die jede getrennt für sich eine eigene Identität haben.
Beim Einfamilienhaus kann man von außen den groß bemessenen Innenhof nicht erkennen. Es hat aber durch das Atrium einen inneren Reichtum

gewonnen, den man in anderen Beispielen kaum wiederfinden wird. Die hohe Qualität dieses räumlichen Organismus wird durch die außerordentliche Liebe zum Detail sowie dem handwerklichen Umgang von traditionellen (Ziegel) wie auch modernen Baumaterialien (Stahl) unterstrichen.

*ments separating the parts, yet at the same time linking them. As a result, one has the impression that the roof is attempting to free itself, or that the columns do not really have to bear much weight.*
*The three dwellings in the Manke House are stacked on top of each other; and yet, as a result of the*

*different lines of approach and the various openings, they form small individual entities within the building, each separate and with its own identity.*
*The large internal courtyard belonging to the single-family house is not visible from the outside. The atrium lends the house an inner richness,*

*however, that one rarely finds in other similar examples. The high quality of this spatial organism is accentuated by the remarkable care for details and the craftsmanship in the treatment of materials – both traditional ones, such as brickwork, and modern ones, such as steel.*

Schnitt / *Section*

*Dorothea Heiermann*

**Atelierhaus Rolf Iseli / *Rolf Iseli Studio House***

**Bern / *Berne***
Schweiz / *Switzerland*                                                              **1987**

Beim vorliegenden Beispiel eines Anbaus an ein Wohngebäude aus dem Jahre 1850 fällt zunächst die Andersartigkeit des neuen zum alten Gebäude auf. Flüchtig betrachtet, haben die beiden Häuser nichts miteinander zu tun. Sie scheinen nur aneinandergebaut zu sein. Man fragt sich auch, ob die Erweiterung des alten Hauses um einen Atelierraum nicht auch durch Umorganisation des alten Gebäudes hätte erreicht werden können. Es handelt sich nämlich bei dem Programm lediglich um die Forderung nach einer Garage und einem Atelier. So hätte man doch einfach eine Garage, die wesentlich weniger Volumen benötigt, neben das Gebäude stellen können und für das Atelier einen geeigneten Raum im Haus selbst einrichten können. Wenn die Sache jedoch konsequent überlegt wird, dann führen entsprechende Ausbauten immer zu einem Konflikt mit der alten Hülle. Wieweit ist auf das Alte Rücksicht zu nehmen, wieweit kann man den gewünschten Funktionen durch Veränderung

Rechnung tragen? Was ist dann noch tatsächlich alt, was neu?
Vielen Gebäuden, die man scheinbar so liebevoll hergerichtet hat, sieht man gar nicht mehr an, was nun tatsächlich alt, was neu ist. Damit kehrt sich der eigentliche Wunsch eines schonungsvollen Umgangs mit dem Historischen in das Gegenteil um: die Ablesbarkeit der unterschiedlichen Stile und der Interventionen späterer Bewohner ist nicht mehr gegeben.
Insofern ist der Gedanke konsequent, die Erweiterung um einen Atelierraum auf die Garage zu setzen. Auch der Laie erkennt, welche Teile alt, welche neu sind. Die Form des Neuen entsteht, wie die des Alten entstanden ist: aus dem konstruktiv richtigen und sparsamen Umgang mit dem zur Verfügung stehenden Material. Damit ist der Anbau, obwohl er eine andere Form hat, dem Wesen nach mit dem bestehenden Haus verwandt.
So erscheint die Erweiterung auf den zweiten Blick als durchdachte und einfühlsame Lösung, was den Um-

gang mit der Geschichte betrifft. Daneben fällt auf, wie die Haltung des Entwurfsgedankens bis in das kleinste Detail nachvollziehbar ist. Der Umgang mit den Stahlteilen, den verzinkten Profilen, Seilen und deren Verbindungen ist überall wie bei historischen Bauweisen nachvollziehbar. Aus den Verschraubungen, den Riffelungen des Blechs oder den notwendigen Aufkantungen der Treppenstufen ergeben sich Bilder eines konstruktiven Ornaments. Damit ist das Haus einfach und vielfältig in seiner Erscheinung zugleich. Es braucht keinen zusätzlichen Schmuck.
Der Sorgfalt der konstruktiven Fügung entsprechen die übrigen, den Raum prägenden Elemente. Auffallend ist der Umgang mit dem Tageslicht, das über Sheds, wie auch über ein Glaselement in der Fassade, einfällt. Die flächige Öffnung gibt dem kleinen Haus etwas großzügiges. Mit halbtransparenten Sonnenstores kann das Licht im Innenraum gesteuert werden.

*In this example of an extension to a house built in 1850, what immediately strikes the eye is the difference between the old and the new structures. At first glance the two buildings would seem to have nothing in common. They appear simply to have been built next to each other. The question also arises, whether the extension to the old house to create a studio space could not have been avoided altogether by reorganizing the rooms in the existing building. The brief merely called for a garage and a studio. It would have been possible simply to erect a garage – of considerably smaller volume – next to the existing structure and to appoint a suitable space in the old house to accommodate a studio.
On consideration, however, alterations almost always lead to a conflict with the original structure. To what extent does one have to respect it? To what extent can the desired functions be accommodated through altera-*

*tions? What then is really old and what is new?
In many buildings that have been apparently so lovingly restored it is no longer possible to distinguish the old from the new. As a result, the objectives of a careful, sensitive treatment of historic building fabric are turned upside down. The different styles and the intervention of successive occupants is no longer legible.
The idea of setting the studio extension on top of the garage is, therefore, quite logical. Even the layman can see which parts are old and which are new. The form of the new part, like that of the old, is a product of the relevant structural considerations and of an economic approach to the available materials. Despite the fact that it has a different form, the extension is, therefore, in its nature related to the existing house.
On closer examination, the extension presents a well-thought-out, sensitive solution in its approach to history. In*

*addition, the design concept is evident everywhere, down to the smallest details. The use of steel elements, galvanized sections, cables and their connections and fixings is comprehensible throughout in a manner analogous to historic forms of construction. Screw fixings, the chequering of the sheet metal, or the downturns that are necessary to the edges of staircase treads create ornamental motifs through the construction. The house is simple and at the same time complex in appearance. It needs no additional ornamentation.
The care taken in uniting the two structures is reflected in the other spatially determining elements. A striking feature is the handling of daylight – which enters the building via shed-like glazed roofs and a glazed element in the façade. The large-scale opening gives this small building a sense of spaciousness. The intensity of lighting inside can be controlled by means of translucent blinds.*

*Daphne Iseli*

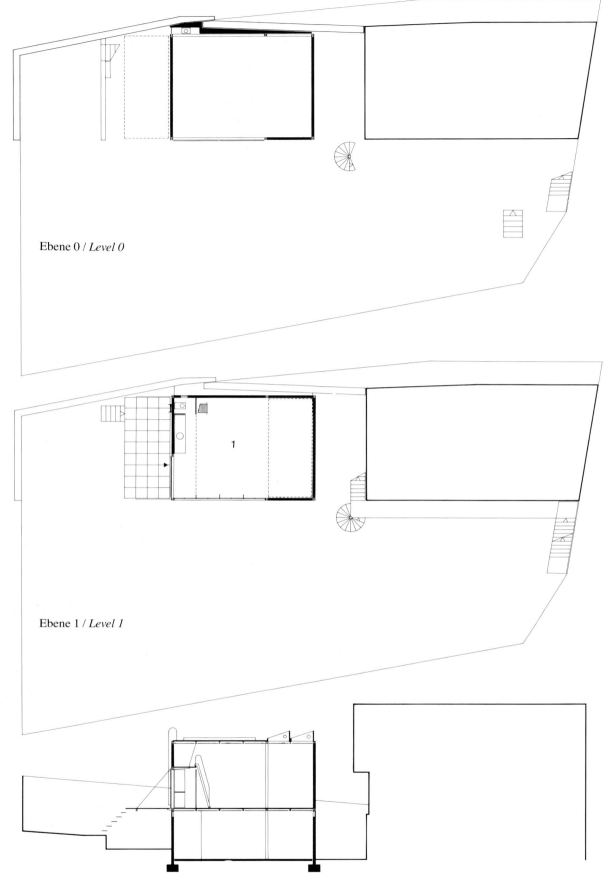

Ebene 0 / *Level 0*

Ebene 1 / *Level 1*

Schnitt / *Section*

Ebene 0: Garage
    1: Atelier mit Zugang über Terrasse

*Level 0: Garage*
    *1: Studio with access via balcony*

*Daphne Iseli*

**Arbeits- und Gästehaus**
*Office and Guest House*

**USA**                                                                    **1986**

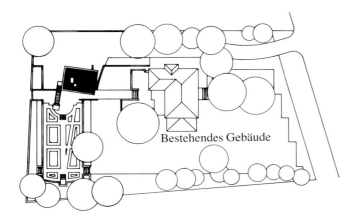

Bestehendes Gebäude

Das Gebäude steht im Schnittpunkt eines geometrisch gestalteten Gartens und eines älteren Gebäudes. Es markiert sozusagen eine Ecke des Achsensystems von altem Haus und Garten. Aber es scheint auch aus einer anderen Zeit zu stammen und ist deshalb aus dem Achssystem gedreht. Die große Wertschätzung für Le Corbusier verbirgt sich hinter dem gedrehten Körper. Wie Corbusier es forderte ist es nach den fünf Punkten einer neuen Architektur gestaltet: auf Stützen, um das Erdgeschoß als Teil des Gartens frei zu halten, mit einer freien Fassadeneinteilung, Langfenster und freiem Grundriß sowie dem flachen Dach, bei Corbusier die Dachterrasse. Irritierend ist von außen lediglich ein Basketballnetz, ein typisch amerikanisches Attribut, das sonst über Garagen hängt.

Die Freiheit der räumlichen Einteilung, bei Corbusier der »plan libre«, der freie Grundriß, nimmt sich Ames auch heraus, aber ganz anders als Corbusier das gedacht hatte. Er setzt ein Stück »anderes Haus« mit einer ganz anderen Sprache in den offenen Grundriß. Die nach anderen Gesetzmäßigkeiten gestaltete Räumlichkeit bezieht sich wieder auf das Achssystem des Bestands und ist deshalb gedreht in der Schachtel der Moderne.

Die Außenwände werden dabei nicht berührt. Gegenüber bezieht sich die dicke Rückwand ebenfalls auf das eingestellte Teil. Wenn man länger hinschaut, so scheinen die beiden schräg eingestellten Wände lediglich auseinander geschoben, wodurch der Wohnraum in der Mitte entsteht.

In den eingestellten Teilen gibt es wiederum eigene Räume. Es sind Schlafkojen in einer oberen Ebene. Bad sowie eine Kochzeile liegen darunter. Formal könnte es sich um einen ausgeschnittenen Teil des Altbaus handeln. Es ist auf jeden Fall ein immer wiederkehrendes Spiel mit der Tradition und der Moderne.

*The building is set in the angle between a geometrically laid out garden and an older building. It marks the centre of an axial system, so to speak, standing on the point of intersection of the axes through the existing house and the garden. On the other hand, the new structure seems to be of a completely different time. It is therefore twisted out of alignment with the axes. Underlying this building, turned at an angle to the axial system, lies a great esteem for Le Corbusier. The building is constructed in accordance with Le Corbusier's five points for a new architecture: it is set on pilotis, thus allowing the ground-floor space to be part of the garden; it has a free elevational design, strip windows, a free layout on plan, and a flat roof (which, in Le Corbusier's case, was the roof terrace). The only feature to disturb this image on the outside is a basketball net – a typically American attribute that one frequently finds over garages.*

*The free spatial layout – Le Corbusier's »plan libre« – is also a feature to which Ames's design lays claim, but in quite a different form from that envisaged by the former architect. Into his open plan Ames inserts a segment of a »different house« in another architectural language altogether. These spaces, following a completely different order of design, are related to the axial system of the existing, older layout. They are thus turned at an angle to the orthogonal layout of the Modern Movement box. The house within the house does not touch the outer walls of the box. It is possible to walk round this inserted element.*

*Opposite this, at the other end of the house, the thick rear wall also echoes the layout of the inserted element. The longer one looks at them, the more the two angled walls seem to have been pushed apart to create space for the living room in the middle.*

Steven Brooke

78

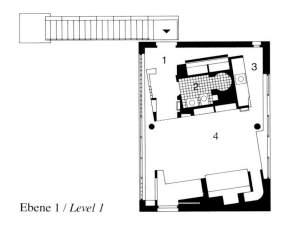

Ebene 1 / *Level 1*

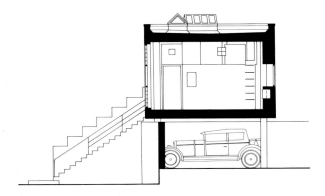

Within the inserted section there are further spaces – sleeping cabins on the upper level, and a bathroom and kitchen strip below. In formal terms, it might be a section cut out of the older house nearby. At all events, the design represents a constant interplay between traditional and modern architecture.

Ebene 1:   1  Eingang
             2  Bad
             3  Kochen
             4  Arbeiten/Wohnen

*Level 1:*   *1  Entrance*
             *2  Bathroom*
             *3  Kitchen*
             *4  Working-living area*

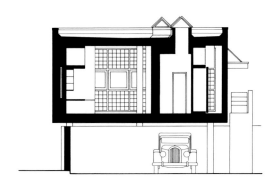

Schnitt / *Section*

Schnitt / *Section*

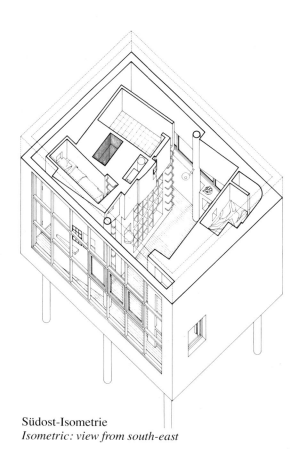

Südost-Isometrie
*Isometric: view from south-east*

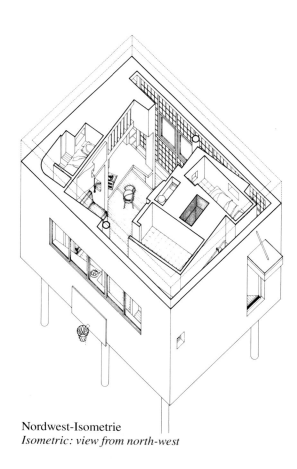

Nordwest-Isometrie
*Isometric: view from north-west*

Steven Brooke

**Haus Lotz-Fritz** / *Lotz-Fritz House*

**Liebigstrasse 10**
**Darmstadt**
**Deutschland** / *Germany*                                        **1987 – 1989**

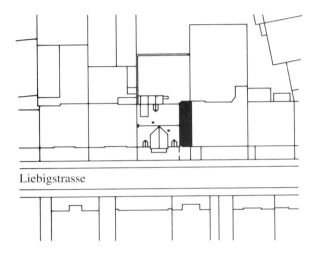

Liebigstrasse

Lageplan / *Site Plan*

In Darmstadt haben die Architekten Eisele und Fritz sich einer Baulücke angenommen, die normalerweise für eine Baumaßnahme nicht in Betracht kommt. Mit einer Lückenbreite von 2,90 Metern mußte auf einer Seite eine Wand eingezogen werden, auf der anderen Seite konnten sie die bestehende Fassade als Raumbegrenzung belassen. So kommt es zu der Minimalbreite von 2,70 Metern. Das Haus besteht aus zwei Wohnungseinheiten. Der Erweiterung einer bestehenden Wohnung im ersten und zweiten Obergeschoß und der bereits erwähnten dreigeschossigen Einheit darüber. Die Architekten haben

jeweils die Stirnseiten mit einer transparenten Haut geschlossen. In den gewonnenen Raum sind die Einbauten, Bad, Treppe und Küche frei hineingestellt, so wie man das mit Möbeln auch machen würde. Mit dieser Überlegung werden die Seitenwände frei gehalten. Für den Bewohner wird dadurch die ganze Länge der Wohnung sichtbar und es entsteht nirgendwo der Eindruck von Enge. Dazu trägt auch die Möglichkeit der Bewegung im Raum bei. Die freigestellten Raumteile lassen einen Rundgang zu, ein Umstand, der die Wohnung ebenfalls großzügig erscheinen läßt. Schließlich benutzen

die Architekten noch ein weiteres räumlich wirksames Mittel: im Schnitt kann man erkennen, wie über Lufträume Blickverbindungen zwischen den übereinanderliegenden Ebenen möglich werden.
Nach außen tritt der räumliche Reichtum nicht in Erscheinung. Die Straßenseite ist bis auf einen Spalt zum linken Gebäude mit einer Glasbausteinwand geschlossen. Die neutrale Fläche macht nach wie vor die Lücke im Straßenraum sichtbar. Die Ansichten des rechten und linken Hauses sind autonom geblieben.

*The architects Eisele and Fritz designed a scheme for a gap between two buildings in Darmstadt that would normally never have been considered suitable for building development. The overall width of the gap was 2.90 metres. On one side it was necessary to erect a new end wall. On the other side it was possible to use the outer wall of the existing building as the spatial demarcation. The remaining width was a minimal 2.70 metres. The new infill structure comprises two dwelling units – the extension of an existing flat on the first and second floors of the new tract; and a new*

*three-storey unit above this. The architects have closed both end faces of the infill structure with a transparent skin. Bathroom, staircase and kitchen are inserted in the internal space, rather like furnishings, leaving the side walls free. As a result of this, the entire length of the dwelling remains visible to the occupants, and nowhere is there an impression of spatial congestion or crampedness. This sense of openness is accentuated by the ability to circulate about a free-flowing sequence of spaces, which also contributes towards the generous feeling of the apartment.*

*Finally, mention should be made of a further effective spatial device used by the architects. In the cross-section one can see how voids or vertical spatial links create visual ties between the various storeys.
Outwardly, this spatial richness is not evident. Apart from a narrow strip next to the building on the left, the street face is closed by a skin of glass blocks. This neutral surface makes the gap in the street front visible, but does not impinge on the independent façades of the buildings to left and right.*

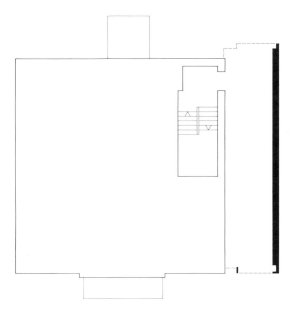
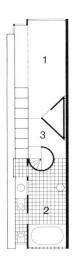

Ebene 0 / *Level 0*

Ebene 1 / *Level 1*

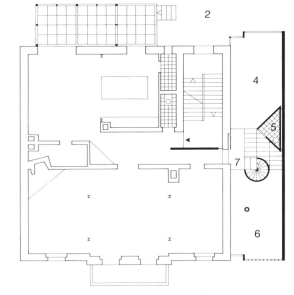

Ebene 2 / *Level 2*

Ebene 0:  Durchfahrt mit
          Hauseingang
    1:    Erweiterung der alten
          Wohnung
          1 Schlafen
          2 Bad
          3 Flur
    2:    Alte Wohnung mit
          Erweiterung
          4 Kinderzimmer
          5 Duschraum
          6 Spielfläche
          7 Flur
    3:    Neue Wohnung
          8 Schlafen
          9 Bad
          10 Flur
    4:    Neue Wohnung
          11 Wohnen
          12 Küche – Essen
          13 Flur
    5:    Neue Wohnung
          14 Galerie

*Level 0:  Driveway with entrance to*
          *building*
    *1:    Extension to existing*
          *dwelling*
          *1 Bedroom*
          *2 Bathroom*
          *3 Hall*
    *2:    Existing dwelling with*
          *extension*
          *4 Children's room*
          *5 Shower room*
          *6 Play area*
          *7 Hall*
    *3:    New dwelling*
          *8 Bedroom*
          *9 Bathroom*
          *10 Hall*
    *4:    New dwelling*
          *11 Living area*
          *12 Kitchen – dining area*
          *13 Hall*
    *5:    New dwelling*
          *14 Gallery*

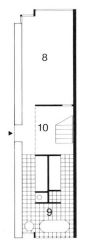
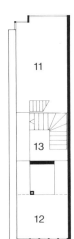
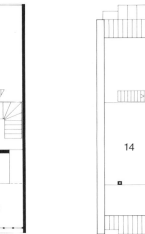
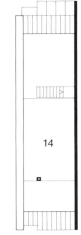
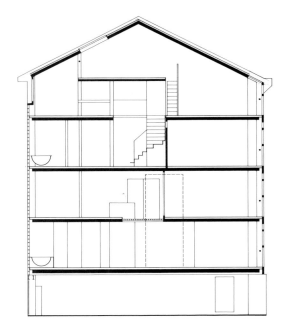

Ebene 3 / *Level 3*       Ebene 4 / *Level 4*       Ebene 5 / *Level 5*       Schnitt / *Section*

Friedrich Busam

**13 Wohnungen / Geschäfte / Praxis / Gemeinschaftsräume**
*Dwellings / businesses / doctor's surgery / communal spaces*

**Hermanngasse 29**
**1070 Wien /** *Vienna*
**Österreich /** *Austria*                                                **1988 – 1990**

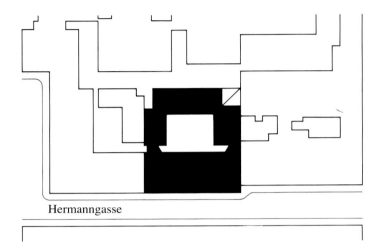

Hermanngasse

○  5                25

Der Umbau eines Vorder- und Hinterhauses in Wien ist ein gutes Beispiel, welchen Beitrag Architektur zur Sanierung leisten kann. Auf den Grundrissen ist unverkennbar, was neu und was alt ist. Ohne ein Photo oder die Realität gesehen zu haben, erkennt man die Interventionen der Architekten, den Dialog, den die Veränderungen mit der alten Konstruktion eingehen. Die Besonderheit ist dabei der Sprung von einem in das andere Geschoß. Damit beschränkt sich der Umbau nicht nur auf Ebenen, der bestehende Kubus wird mit einem zweiten räumlichen System überlagert.

Es ist erstaunlich, wie lebendig der Umbau wirkt. Im Vergleich zu den scheinbar korrekten Sanierungen, bei denen das Neue nicht in Erscheinung treten darf, wird die Qualität des Bestands erst richtig deutlich. Hinter allem spürt man die Freude und Offenheit der Entwerfenden. Sie machen aus dem Denkmal die Personifizierung des Films »Harold and Maude«, jener Geschichte, bei der Alter und Jugendlichkeit ein fröhliches Bündnis eingehen. Trotz der teilweise fast verspielten wie auch aktuellen Formensprache der Einbauten ist die Detaillierung erfreulich zurückhaltend.

Dekonstruktivistische Kurven und Schrägen sind in Stahl gekonnt, aber sie arbeiten auch nicht (mehr) gegen die Ästhetik. Unerwarteter ist der Einsatz von Materialien, die aus der Mittelmeer- und Hawairomantik der sechziger Jahre auftauchen, wie etwa die Verwendung von Bambus. Man könnte die Zeitgebundenheit dieser formalen Mittel kritisieren. Aber da das Problem der Datierung, der Auseinandersetzung mit der Zeit bei dem Umgang mit alter Bausubstanz ohnehin das Hauptthema ist, kann man sich an der unbefangenen Lösung nur freuen.

*The conversion of a building in Vienna, comprising a front section facing on to the street and a rear courtyard block, is a good example of the contribution architecture can make to rehabilitation. One can immediately identify from the plans what is old and what is new. Without seeing the actual building or photos of it, the intervention of the architects is recognizable – the dialogue into which the alterations enter with the existing structure. What is particularly striking is the jump between floors. The conversion is not limited to various levels or planes. A second spatial system is transplanted on to the existing volume.*

*It is remarkable how lively the conversion seems. Compared with ostensibly authentic, correct rehabilitation projects, in which new elements are not allowed to appear, here the quality of the existing structure really comes out. Behind all this, one senses the pleasure and candour of the designers. Out of a built monument they create an analogy of the film »Harold and Maude« – the story of a cheerful alliance of age and youth. Despite the almost playful, modern formal language of the inserted elements, the detailing is agreeably restrained. Deconstructivist curves and diagonals are skilfully executed in steel; but here*

*they are not (any longer) at odds with the aesthetic. More surprising is the appearance of materials derived from the Mediterranean and Hawaiian romanticism of the 1960s – such as the use of bamboo. The use of these materials might be critized as dated. But since the question of dating the various elements, a dialectic with time, is anyway the central theme of work to old building fabric, one can only delight in the uninhibited solution found here.*

*Margherita Krischanitz*

Fliegende Einbauten / *Flying objects*

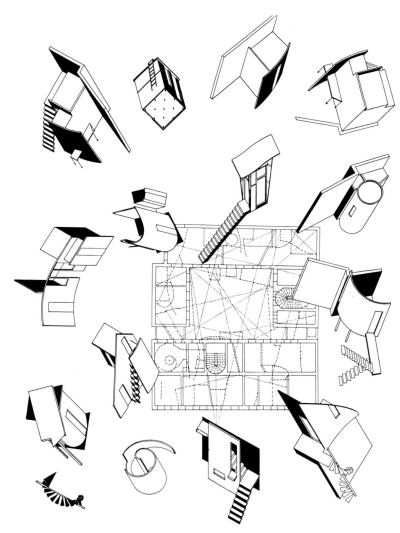

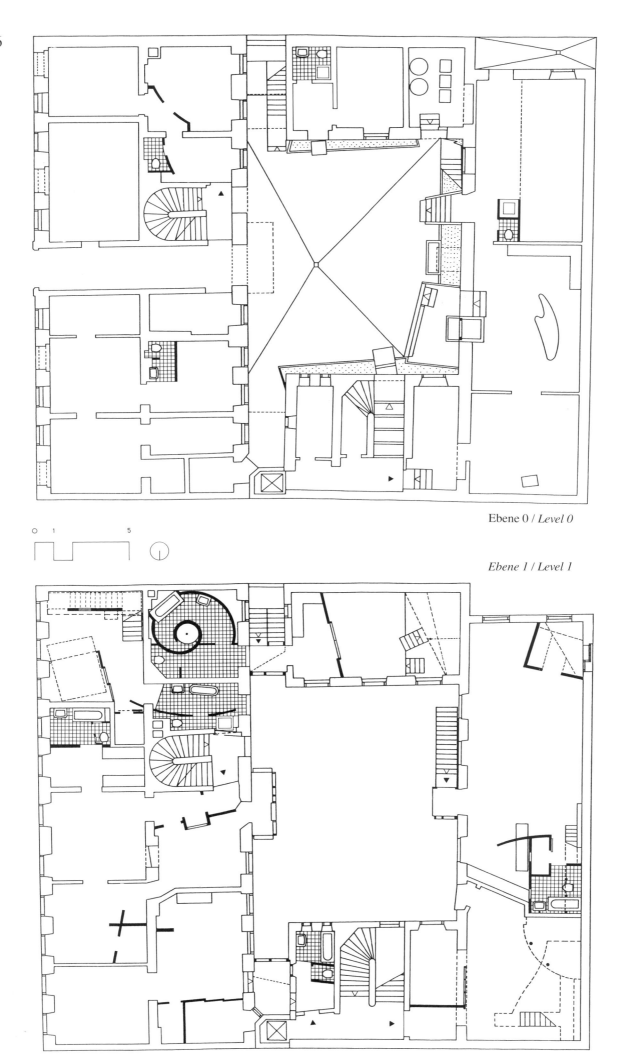

Ebene 0 / *Level 0*

Ebene 1 / *Level 1*

*Margherita Krischanitz*

88

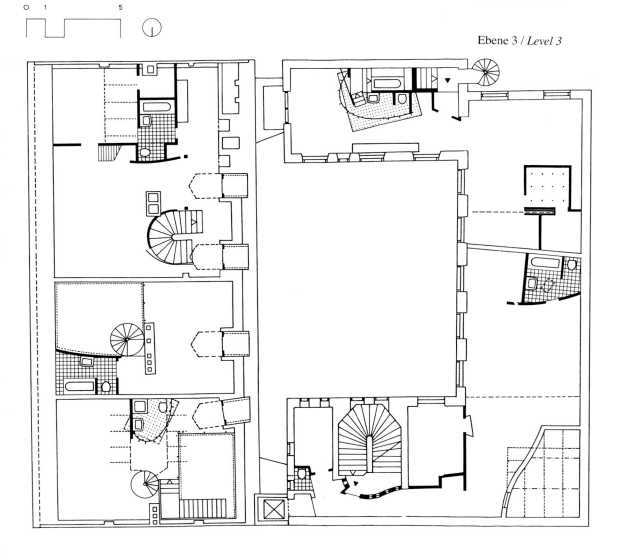

Ebene 2 / *Level 2*

Ebene 3 / *Level 3*

*Margherita Krischanitz*

Schnitt / *Section*

**Wohnbebauung/Büro**
*Housing/Office*

**Fritzstrasse 17–19–21**
**Fellbach**
**Deutschland /** *Germany*                                            **1987 – 1989**

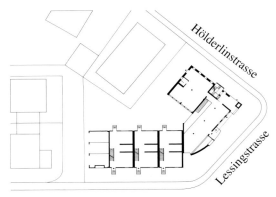

Fritzstrasse

Mitten in einem Gebiet eines Wohngebiets der vierziger und fünfziger Jahre, steht das Haus aus rohen Holzbrettern, verzinktem Stahl und den Glasflächen der Wintergärten. Obwohl es sehr maßstäblich gegliedert ist, steht es doch im Kontrast zu den biederen Gebäuden der Umgebung.

Das Gebäude besteht aus drei Reihenhäusern und einem anschließenden Wohn- und Arbeitshaus. Interessant sind neben den verwendeten Materialien die offene Grundrißkonstellation der Reihenhäuser. Die Eingangsebene, vier Stufen über dem Straßenniveau, ist ebenso wie die darüberliegende Wohnebene frei einteilbar. Lediglich das Bad sowie die Toilette haben feste Wände. Damit hat der Bewohner die Möglichkeit, den Grundriß auch nach Jahren noch ändern zu können.

Mit dem Wintergarten im Obergeschoß denken sich die Architekten Wohnraum und Küche auf der oberen Ebene. Das ist für ein Reihenhaus ungewöhnlich. Die direkt vor den Gebäuden liegende Straße macht diese Entscheidung jedoch sinnvoll. Damit kann die Glasfront des Wintergartens auch höher sein als die geschlossene Fassade, was die kleine Front eines Reihenhauses sehr viel größer erscheinen läßt. Schön ist dabei auch die Kombination des kleinen Balkons über dem Eingang mit dem Glashaus.

Im anderen Teil des Hauses befinden sich zwei größere Wohnungen sowie ein Büro, das über einen Luftaum die Räume des Untergeschoßes an das Erdgeschoß anschließt. Sehr geschickt behandeln die Architekten die Verbindung der beiden Bauteile. Zwischen den beiden Baukörpern vermittelt ein Verbindungsstück, mit dem ganz nebenbei noch die städtebauliche Bewältigung der Ecklösung bewerkstelligt wird.

*In the middle of a residential area built in the 1940s and 50s stands a row of houses of rough timber boarding, galvanized steel, and the glazed surfaces of conservatory areas. Although the development is articulated to a consistent scale, it presents a clear contrast to the rather humdrum, conventional buildings around it.*

*It consists of three terrace houses and, closing the development at one end, a house with an office. In addition to the materials used, the open layout of the terrace houses is of interest. The entrance level, raised four steps above the street, and the living storey above can be divided up freely. Only the bath and WC have fixed walls. Residents can therefore change the layout even after years of occupancy. The architects conceived the conservatory, in conjunction with the living area and the kitchen, on the upper floor – an unusual constellation for a terrace house. The street immediately in front of the houses reveals the logic behind this decision. The glass face of the conservatory is extended up to a greater height than the closed section of the façade. This gives the small front of a terrace house a much more generous appearance. Another attractive feature is the small balcony over the entrance in combination with the glazed space.*

*In the other house in this development there are two larger dwellings and an office. Here the souterrain rooms are linked to the ground floor by means of a double-height space. The architects have handled the junction between the two sections of the scheme in a most skilful manner. There is an intermediate element linking the two buildings, a solution that also resolves the problem of the corner situation in terms of the street planning.*

Nikolaus Koliusis

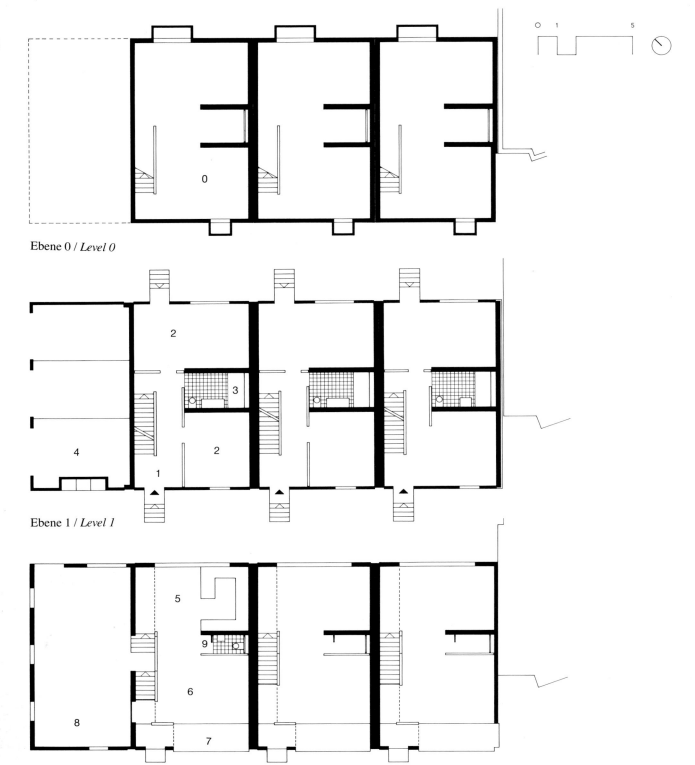

Ebene 0 / *Level 0*

Ebene 1 / *Level 1*

Ebene 2 / *Level 2*

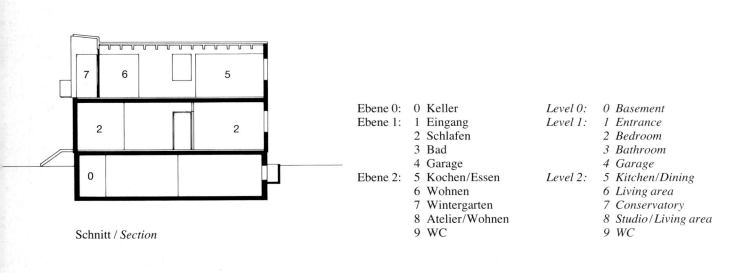

Schnitt / *Section*

| Ebene 0: | 0 Keller | *Level 0:* | 0 *Basement* |
|---|---|---|---|
| Ebene 1: | 1 Eingang | *Level 1:* | 1 *Entrance* |
| | 2 Schlafen | | 2 *Bedroom* |
| | 3 Bad | | 3 *Bathroom* |
| | 4 Garage | | 4 *Garage* |
| Ebene 2: | 5 Kochen/Essen | *Level 2:* | 5 *Kitchen/Dining* |
| | 6 Wohnen | | 6 *Living area* |
| | 7 Wintergarten | | 7 *Conservatory* |
| | 8 Atelier/Wohnen | | 8 *Studio/Living area* |
| | 9 WC | | 9 *WC* |

*Nikolaus Koliusis*

**Arbeiterwohnungen /** *Workers' Housing*

**Darmstadt**
**Deutschland /** *Germany*                                                **1986 – 1988**

*Dieter Leistner*

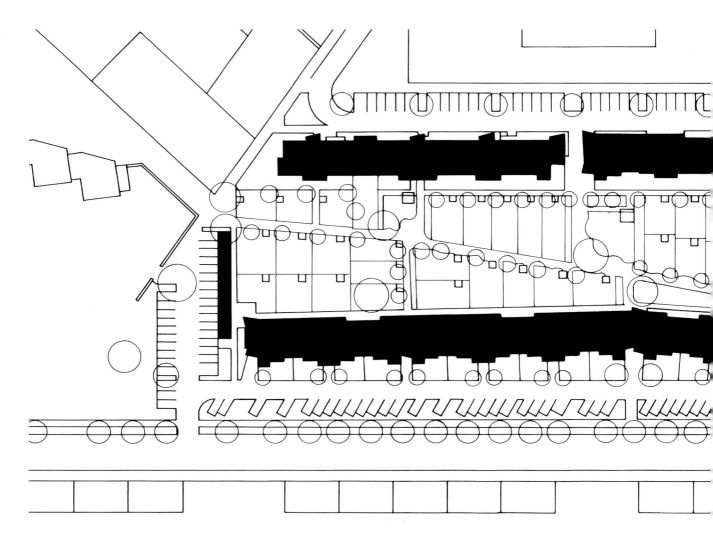

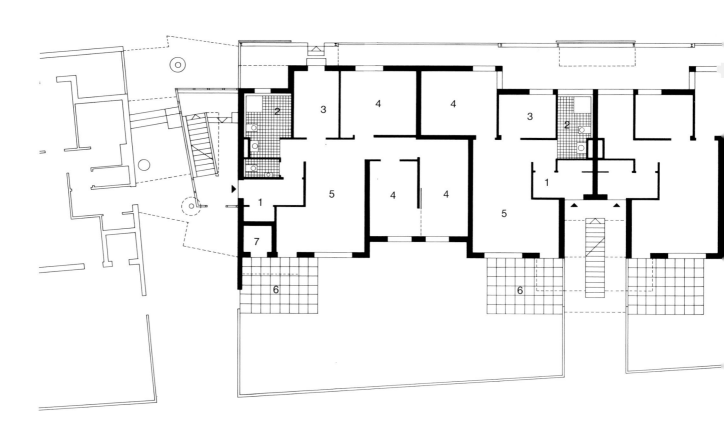

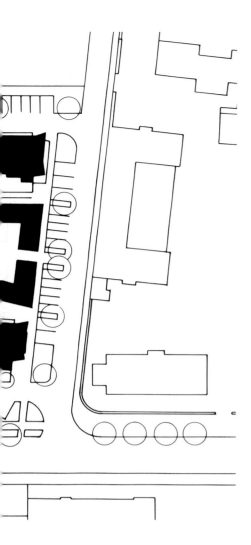

Lageplan / *Site plan*

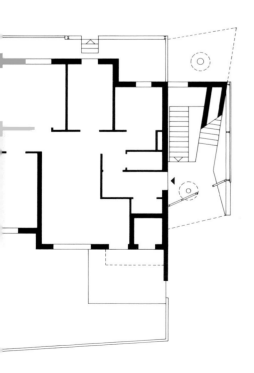

Ebene 0 / *Level 0*

Viele Bauprogramme, die sich sozial nennen, sind im Grunde genommen nichts anderes, als einigermaßen wirtschaftlich optimierte Formen zur Unterbringung von Menschen. Damit ist nichts über ihre Qualität gesagt, die nun einmal neben der bloßen Befriedigung von Flächenansprüchen auch das Wohnen betrifft. Die Wohnqualität hat aber niemand zu interessieren, der Wohnhäuser deshalb baut, weil er ein Geschäft machen will. Dessen Interesse besteht darin, wie er ohne lange Umschweife und ohne Verluste sein Geld vermehrt, nicht aber darin, ob jemand gerne oder ungern in einer bestimmten Situation wohnt. Aber auch die Notwendigkeit, den Drang nach Wohnraum möglichst kurzfristig zu befriedigen, hat normalerweise eine Durchschnittlichkeit der Architektur zur Folge.

Immer wieder gelingt es hartnäckigen Architekten, einsichtigen Behörden und sozial engagierten Bauherren, die sich ihrer Aufgabe wirklich verpflichtet fühlen, andere Wege einzuschlagen.

Rüdiger Kramm ist mit seinen Bauherren einen solchen Weg gegangen. Dabei entsteht trotz Typisierung, Reihung und Stapelung ein Quartier, das sich durch Individualisierung seiner Bauteile bis hin zum Detail von der »Stangenware« unterscheidet. Es fällt neben dem liebevollen Umgang mit den Details auf, wie dennoch die Großform nicht vernachlässigt wird. Den Bewohnern ist die Großform der Wohnanlage durchaus gegenwärtig. Mit geringen Verschwenkungen, dem Wechsel von Materialien und der Kombination von Elementen aus der Bauindustrie mit Teilen, die eher aus einem do-it-yourself Bereich kommen könnten, entsteht für die Bewohner ein hohes Maß an Identität mit ihrer Anlage, ihrer Hausgruppe, ihrem Treppenhaus und schließlich ihrer Wohnung selbst. Neben der lebendigen Gestaltqualität des Hauses muß auch die Auseinandersetzung mit den Freiflächen gesehen werden. Auch hier ist ein Gegensatz zu den herkömmlichen Anlagen festzustellen: Der Großteil der Grünfläche wird privater Nutzung zugeführt. Damit entstehen Mietgärten, die tatsächlich intensiv genutzt und gepflegt werden.

*Many building programmes that bear the name »social« are in truth nothing other than economically optimized forms of accommodating large numbers of people. This says nothing about their quality, which should have something to do with the way people live, not just the satisfaction of spatial needs. But habitable quality is of no interest to anyone whose purpose in building housing is to make money. Developers of this kind are interested in how they can maximize profits without any great rigmarole or risk of loss – not in whether a person likes living in a particular situation or not. The need to satisfy an urgent demand for housing in as short a time as possible usually leads to mediocrity in architecture, too.*

*But every now and then one comes across determined architects, local authorities with a certain understanding, and developers with a sense of social responsibility and dedication who manage to pursue a different course.*

*Rüdiger Kramm pursued such a course with his clients. Despite typification, terraced rows and the stacking of dwellings, a neighbourhood was created that differs from mass-produced housing in the individualization of its components – right down to the details. Despite the care paid to details, however, the overall form has obviously not been neglected either. For the occupants, the overall form of the estate is ever-present. Slight changes of alignment, variations in materials, and the combination of building elements with components that might almost be from the do-it-yourself field have enabled residents to develop a high degree of identity with their housing estate, with their group of dwellings, with their own staircase, and finally with their individual flats and apartments. In addition to the lively design quality of the buildings, the treatment of the open spaces should also be mentioned. Here, there is a contrast to most estates of this kind. The bulk of the external areas is given over to private use in the form of tenants' gardens, which are intensively used and cultivated.*

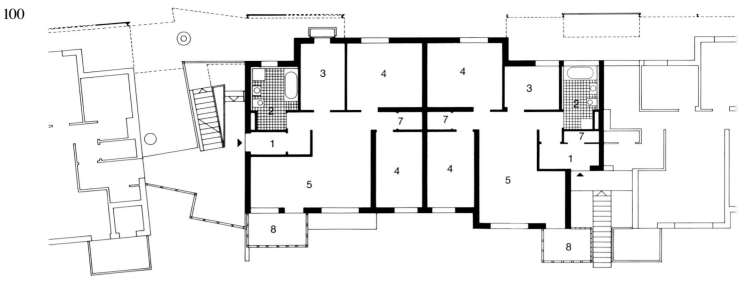

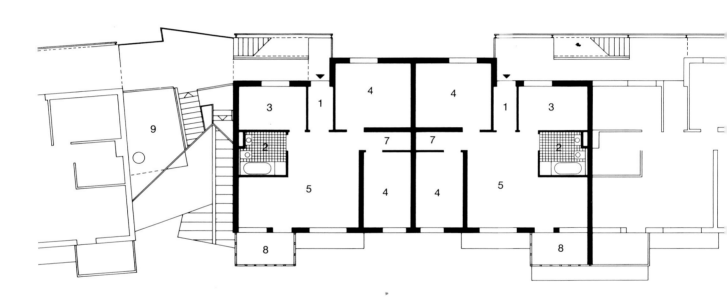

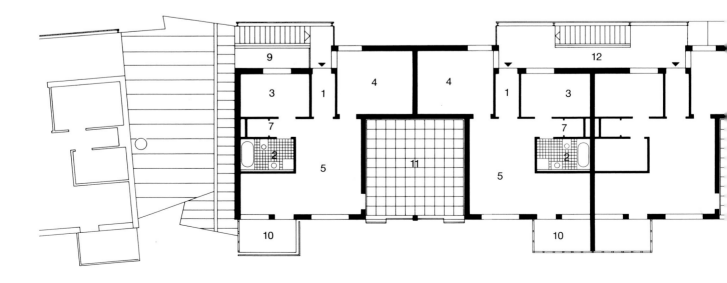

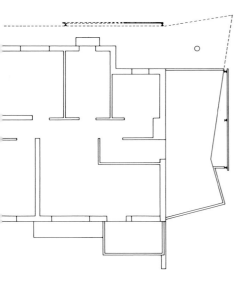

Ebene 1 / *Level 1*

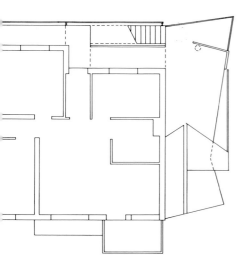

Ebene 2 / *Level 2*

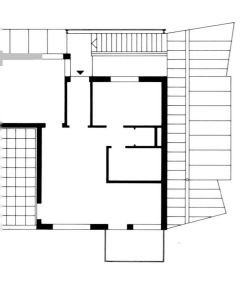

Ebene 3 / *Level 3*

Ebene 0 – 3:   1 Windfang
2 Bad
3 Kochen
4 Schlafen
5 Essen/Wohnen
6 Terrasse
7 Abstellraum
8 Wintergarten
9 Luftraum
10 Loggia
11 Dachgarten
12 Laubengang

*Levels 0 – 3:*   1 *Lobby*
2 *Bathroom*
3 *Kitchen*
4 *Bedroom*
5 *Dining-living room*
6 *Terrace*
7 *Store*
8 *Conservatory*
9 *Void*
10 *Loggia*
11 *Roof garden*
12 *Access balcony*

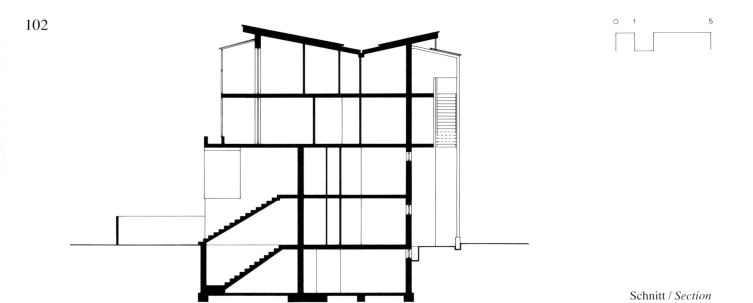

Schnitt / *Section*

*Dieter Leistner*

**Cabrillo Village Arbeiterwohnungen**
*Cabrillo Village Farm Workers Housing*

**1515 South Satiscoy Avenue**
**Saticoy, California**
**USA**                                                                                    **1987**

Lageplan / *Site plan*

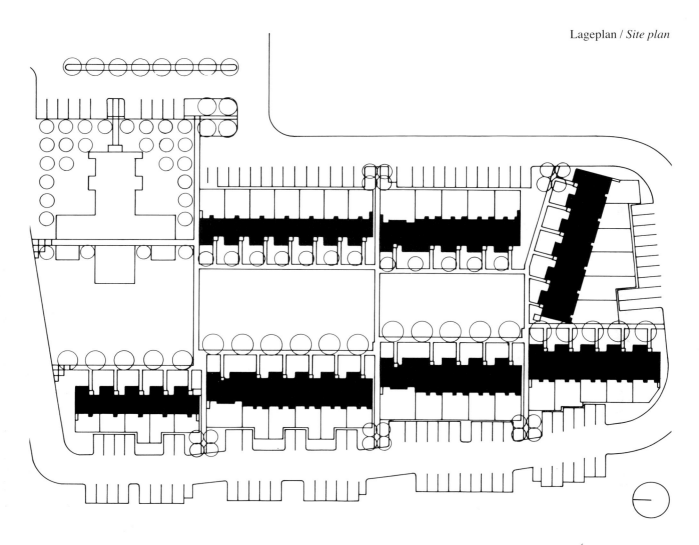

Eine Kooperative von mexikanischen Arbeitern hat das Büro John V. Mutlow mit den Entwürfen zu 39 Wohneinheiten beauftragt. Mutlow hatte aus anderen Projekten bereits Erfahrungen mit diesem Thema gesammelt. Für Cabrillo Village entwickelte er Reihenhäuser, die zusammen mit einem Gemeinschaftshaus ein Quartier bilden.
Bei der Planung scheint der Gedanke des eigenen privaten Gartens eine Rolle zu spielen. Vor und hinter den einzelnen Wohneinheiten befinden sich kleine Grünbereiche, die vom Bewohner selbst gepflegt werden. Es kann sehr gut sein, daß mit dieser

Überlegung nicht nur der Übergang vom öffentlichen zum privaten Raum gelingt, sondern daß darüber hinaus dem Bewohner etwas zur Pflege gegeben wird. Damit wird eine Verantwortung für das eigene Umfeld gegeben. Es können Zwischenräume von hoher Individualität entstehen, die mit geringem Aufwand zu pflegen sind. Es ist interessant, daß bei historischen Arbeitersiedlungen im europäischen Raum, die bis heute noch gut funktionieren, der Gedanken des eigenen Gartens eine große Rolle für die Qualität spielt.
Wenn man zum Beispiel heute durch die Siedlung Hellerau geht, die

Heinrich Tessenow 1910 bis 1913 in Dresden baute, dann sind ganz ähnliche Gesichtspunkte zu bemerken. Auch dort gibt es kleine Grünräume, die durch die Bewohner selbst zu bewirtschaften sind. Aber noch etwas anderes scheint bei beiden Siedlungen übereinzustimmen: der formale Umgang mit der Geschichte und der Heimat. Bei Tessenow sind es die einfachen, handwerklich geprägten Formen, die einen Bezug zur Herkunft der Bewohner ermöglichen. Auch Mutlow geht einen ganz ähnlichen Weg: unter Verwendung regional gewohnter Formenelemente und der Vermeidung direkter Formen-

O  1          5

6    4

3

2    5

1

▲    ▲    ▲

■        ■        ■

Ebene 0 / *Level 0*

7

6

3

6

Ebene 1 / *Level 1*

| Ebene 0: | 1 Windfang | *Level 0:* | *1 Lobby* |
|---|---|---|---|
| | 2 Abstellraum | | *2 Store* |
| | 3 Bad | | *3 Bathroom* |
| | 4 Kochen | | *4 Kitchen* |
| | 5 Essen und Wohnen | | *5 Dining-living room* |
| Ebene 1: | 6 Schlafen | *Level 1:* | *6 Bedroom* |
| | 7 Dachterrasse | | *7 Roof terrace* |

zitate entsteht der Eindruck des Gewohnten wie der des Zeitgemäßen. Vor- und Rücksprünge sind nicht Zierde, sie ermöglichen die Verschattung der größeren Fensterflächen. Die Form weckt auch die Erinnerung an die einfache Bauweise seiner spanisch geprägten Bevölkerung.

Die Gliederung der Gebäude ergibt sich aus dem Grundriß: die Treppenhäuser und die Badezimmer sind jeweils die Taille zwischen den Wohnbereichen. Der Kaufmann würde die größere Abwicklung der Fassaden, die sich daraus ergeben, bemängeln. Dennoch ist der Preis von

33 Dollar für ein square foot ein erstaunlich günstiger Preis. Und wie Deborah K. Dietsch im Architectural Record richtig bemerkt: »even the most budget-conscious bureaucrat would have to agree«.

*A co-operative of Mexican workers commissioned the office of John V. Mutlow to design 39 housing units. Mutlow had experience in this field from other projects. For Cabrillo Village he designed a complex of terrace houses that – together with the community building – form a new neighbourhood. The concept of the individual private garden seems to have played a role in the planning. At the front and back of the individual houses are small garden areas tended by the residents themselves. Possibly this conept was used not only to create a successful transition from private to public realm, but to give residents something to look after personally. In this way they assume responsibility for their own environment. Intermediate spaces of great individuality were created here that can be tended at relatively little cost. Interestingly*

*enough, in those historic housing estates for workers in Europe that still function well today, the idea of the private garden plays a major role in terms of quality. If one walks through the Hellerau estate that Heinrich Tessenow built in Dresden between 1910 and 1913 one can see similar concepts. There, too, one finds small garden spaces that are cultivated by the residents. The two developments also have something else in common – their formal approach to history and to the concept of home (»Heimat«), of having one's roots in a certain place. In Tessenow's case it is the simple, craft forms that enable residents to find the link with their own roots. Mutlow pursues a similar approach. Using regionally familiar formal elements, yet avoiding any direct quotation of forms, he creates an impression of both familiar, tradi-*

*tional, and modern surroundings. Projections and recesses are not just ornamental. They facilitate the shading of larger areas of fenestration. The form also evokes associations of the simple methods of construction of the Hispanic population of the South.*
*The articulation of the buildings is derived from the plan layout. Staircases and bathrooms form the narrow »waists« between the living areas. The economically-minded businessman would criticize the elaboration and greater surface area of the façades to which this articulation gives rise. But $ 33 per square foot is an astonishingly reasonable price. »Even the most budget-conscious bureaucrat would have to agree,« Deborah K. Dietsch rightly remarks in the »Architectural Record«.*

**Reihenhäuser mit Gemeinschaftseinrichtungen**
*Terrace houses with communal facilities*

**25/27, Rue Emile Augier**
**Aubervilliers**
**Frankreich / *France***                                    **1987 – 1988**

Es ist in einer namenlosen Gegend, einer nicht genau zu definierenden Vorstadtsituation entlang eines Kanals, geprägt von armseligen Häusern, Lagergebäuden, kleinen Wohngebäuden für sozial Schwache und Gartenhäuschen: wie soll ein neues Wohnquartier in dieser Gegend aussehen? Das Klientel für die sechzig Wohneinheiten ist nicht begütert. Dennoch soll der Ort einen Wert für die Bewohner darstellen, eine unverwechselbare moderne Anlage inmitten eines desolaten Umfelds.

Die Architekten entschieden sich für zwei parallel zueinander gelegte Zeilen, für die es bekannte Vorbilder gibt: das von Rem Koolhaas in Amsterdam und von Alvaro Siza in Oporto. Die Carrils lassen jedoch die Zeilen nicht frei enden: der zentrale Weg führt an seinem südlichen Ende auf ein symmetrisch gestaltetes Gemeinschaftsgebäude. Dort nimmt der Weg die Querrichtung auf und führt zu einem südlich gelegenen Park. Die Einrichtung des Parks war es im übrigen, die die Schließung des Straßenzugs zur Folge hatte. Denn nun hat die Achse nicht nur ein sinnvolles Ende, der dahinter liegende kleine Park wird dadurch sehr viel besser gefaßt und erhält eine eigenständige Funktion.

Ähnlich wie bei den Projekten in Darmstadt von Kramm und Mutlows Cabrillo Village wird auch hier versucht, den Bewohnern einen Großteil der Grünflächen zur Pflege zu geben. Das ist sicher ein richtiger Weg, um einer Verwahrlosung der Gemeinschaftsflächen vorzubeugen, für die sich niemand verantwortlich fühlt. Was jedoch dieser Beitrag von den beiden anderen unterscheidet, ist der Gedanke der zentralen Straße, von der aus die Wohnungen erschlossen werden. Bei Kramm sind die Wohnungen an Treppenhäuser angeschlossen. Bei Mutlow sind es Reihenhäuser,

Zweifamilien-Reihenhaus
Schnittisometrie

*Two-family terrace house / maisonnettes
– sectional perspective*

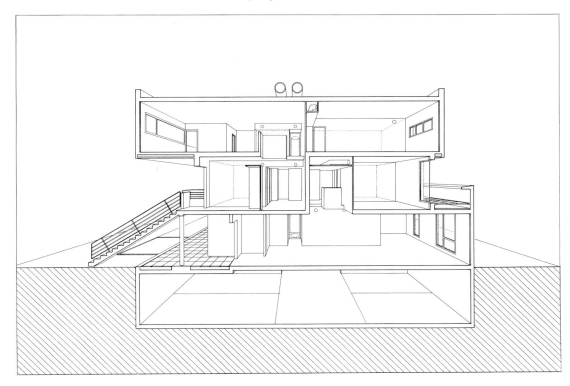

und in diesem Beispiel ist es eine Mischung von Reihenhäusern und Duplexwohnungen.

Die Form der Erschließung ist es auch, die das Bild der Anlage prägt: die einläufigen Treppen in das Obergeschoß der Zweifamilienhäuser und gegenüber die erdgeschossigen Zugänge neben der charakteristischen Rundung der Reihenhäuser. Auch die auskragenden Obergeschosse haben etwas mit der Erschließung zu tun: sie schützen die Treppenpodeste und Eingänge wie ein Vordach.

Das Ergebnis ist ein urbaner Bereich, der an die schönen Straßenzüge aus dem neunzehnten Jahrhundert erinnert. Diese sind auch durch das Prinzip der Reihung entstanden, durch Zugänge, Podeste und Vor- und Rücksprünge. Dabei bezieht sich die Architekturform gar nicht auf diese Zeit. Sie ist durch und durch eine moderne Architektur, sparsam und dennoch sehr kräftig. Das kommt natürlich aus der Plastizität, die ja wiederum sehr praktisch ist, wie wir bei den Zugängen gesehen haben. Der

einzige Aufwand ist eine Majolikaverkleidung an den Gebäudevorsprüngen der östlichen Hauszeile. Sie unterstützt den Eindruck der Reihung und des Rhythmus der Zeile.

Die ganze Anlage bezieht ihre Kraft aus dem Gedanken des zentralen Wegs. Das bedeutet für die Beliebigkeit der Umgebung einen ersten Schritt zu einer neuen Qualität, und darüber hinaus ein Postulat für die schöne Sprache des Einfachen.

*An anonymous place, an indefinable suburban situation on a canal, an area of squalid housing, warehouses, small dwellings for the socially weak, and summer-houses. What form should a new housing development be given in such a place? The clients for the 60 dwelling units are not wealthy. Nevertheless, the location should represent something of value to the residents – an unmistakable, modern development in the midst of these desolate surroundings.*

*The architects decided in favour of a layout with two parallel strips, for which there are certain models – schemes by Rem Koolhaas in Amsterdam and Alvaro Siza in Oporto. The Carrils do not simply break off their strips at the ends, however. The central access route leads to a symmetrically laid out community building at the southern end, where the path bends at right angles to the axis and leads on to a park situated to the south. It was the decision to lay out a park here that resulted in the closing of the road. Not merely is the central axis given a proper termination. The little park beyond is set off to much greater advantage and acquires a*

*function of its own.*

*In a similar way to Rüdiger Kramm's housing scheme in Darmstadt and Mutlow's Cabrillo Village, an attempt is made here to give the bulk of the external areas to the residents to cultivate themselves. That is certainly a positive way of avoiding the neglect of communal areas for which no one feels responsible. What distinguishes this solution from the other two, however, is the idea of the central street from which the individual dwellings are reached. In Kramm's project the dwellings are linked to staircases. In Mutlow's scheme the dwelling units are terrace houses. In the present example, the housing types are a mixture of terrace houses and maisonettes (duplex apartments). The forms of access play a big part in the appearance of this development – the single-flight staircases to the upper level of the two-family maisonette houses; and opposite these, the ground floor access to the terrace houses flanked by the distinctive projecting curves. The cantilevered upper-floor areas of both types of dwelling are also related to the points of access. They form protecting*

*canopies over entrances and staircase landings. The outcome of these design considerations is an urbane realm reminiscent of those fine street spaces created in the 19th century. They, too, were the product of lining up repeating elements in a row, with entrances, landings, projections and indentations. The architectural form of the present scheme makes no allusion to this period, however. It is modern architecture through and through, economical and nevertheless powerful. This is due to the three-dimensional plasticity, which has, in turn, a very practical side to it, as one has seen in the case of the entrance situations. The only elaborate detail is the majolica facing to the projecting elements of the eastern row of houses. This accentuates the impression of repeating units and the rhythm of the row.*

*The whole complex derives its strength from the idea of the central path. In the random developments of the surrounding area the scheme represents a first step towards a new sense of quality, and, over and above this, an eloquent plea for the beauty of simplicity.*

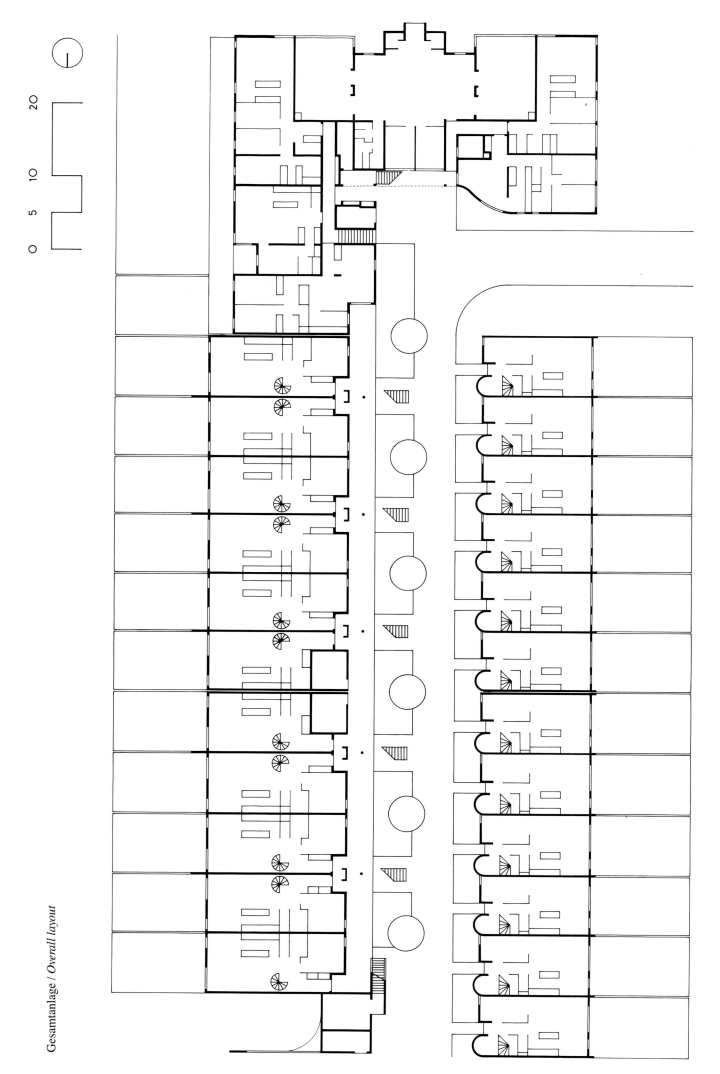

Gesamtanlage / *Overall layout*

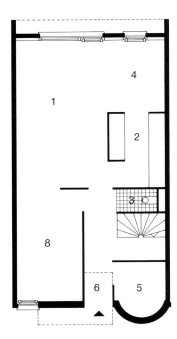

Einfamilien-Reihenhaus
*Single-Family terrace house*
Ebene 0 / *Level 0*

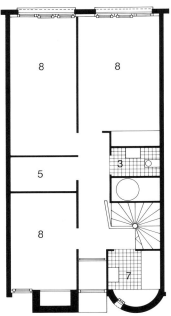

Einfamilien-Reihenhaus
*Single-family terrace house*
Ebene 1 / *Level 1*

1 Wohnen
2 Kochen
3 WC
4 Essen
5 Abstellraum
6 Eingang
7 Bad
8 Schlafen
9 Terrasse


1 *Living area*
2 *Kitchen*
3 *WC*
4 *Dining area*
5 *Cupboard/Store*
6 *Entrance*
7 *Bathroom*
8 *Bedroom*
9 *Terrace*

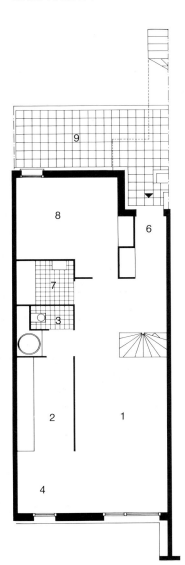

Zweifamilien-Reihenhaus
*Two-family terrace housing*
Ebene 0 / Level 0

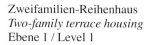

Zweifamilien-Reihenhaus
*Two-family terrace housing*
Ebene 1 / Level 1

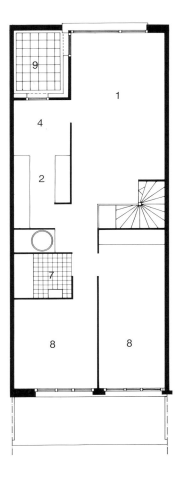

Zweifamilien-Reihenhaus
*Two-family terrace housing*
Ebene 2 / *Level 2*

*Olivier Wogenscky*

**Wohnbebauung /** *Housing Estate*

**Myllärintanhua**
**Finnland /** *Finland*                                                    **1981 – 1987**

Beim Neubau einer Vielzahl von Wohnungen »auf der grünen Wiese« ist es immer schwierig, für alle Bewohner zusammen, wie auch für jede einzelne Familie selbst, einen Ort zu schaffen, der unverwechselbar ist. Man will natürlich erreichen, daß die Bewohner sich sowohl in der Gemeinschaft als auch in ihrem privatesten Bereich wohlfühlen. Meistens überwiegt das eine, zum Beispiel der private Bereich, während der gemeinschaftliche, das Zusammenleben in den Gebäuden, nicht unterstützt wird. Raimo Teränne versucht, mit dem Gedanken von Wohnhöfen, die an einer Erschließungsachse liegen, beiden Wünschen, dem nach Privatheit wie dem nach Gemeinsamkeit, nachzukommen. Das Besondere an diesem Beispiel ist die Zuordnung aller Gebäude zur Haupterschließung, zu den einzelnen Wohnhöfen, und die Zusammenfassung von verschiedenen Wohntypen in einem Gebäude. Dadurch entsteht ein schrittweiser Übergang des öffentlichen Raums von den Gruppen der Gebäude um einen Hof bis hin zur einzelnen Wohnung. Am meisten fällt dabei auf, wie es Teränne gelingt, nicht nur die Wohnungen einem Hof zuzuordnen, sondern darüber hinaus kleine Gemeinschaftsräume anzubieten, die vor allem den Gedanken der Gruppenbildung und der Gemeinschaft weniger Wohnungen unterstützen.

Von den insgesamt 95 Wohnungen gehören jeweils zehn bis zwölf zu einer Gruppe und damit zu einem kleinen Platz. Durch kleinere Bauten wie die Sauna, ein Gemeinschaftszentrum mit Sitzplatz im Freien oder Abstellräume wird dieser Platz zur freien Landschaft hin abgeschirmt. Zur Straße hin schließen die verlängerten Wandscheiben in Form von niedrigen Mauern den gemeinsamen Hof ab. Eine kleine Pergola ergibt zusammen mit zwei Wandscheiben ein Tor oder Durchgang. Das alles wird mit einfachen Mitteln erreicht. Es wirkt nichts pittoresk und damit geschmäcklerisch. Die Pergolen, die Zäune der privaten Flächen im Wohnhof, Balkone, Wintergärten und Fenster sind sparsam gehalten.

Dabei sieht die unaufwendige Architektur wiederum nicht einfach aus. Die Differenziertheit entsteht durch die unterschiedlichen Gebäude und deren Teile, die jeweils ihren Zweck nach außen ablesbar zeigen. Sehr gut ist das am Wohngebäude zu sehen, das seine eigenartige Form durch die Kombination eines Geschoßbaus mit einem Reihenhaustyp erhält. Es gibt keine Hierarchie der Bauteile; das Kleine wie das Große hat seine eigene Berechtigung.

Auch in den Wohnungen, vor allem den kleinen, kann man erkennen, daß es keine Hierarchie von Haupt- und Nebenräumen gibt, sondern daß alle Räume gleichermaßen wichtig sind. Die Dreizimmerwohnungen haben getrennte Toiletten und Badezimmer. Bei den Zweizimmerwohnungen ist bemerkenswert, daß alle Sanitärräume mit Tageslicht versehen sind.

*Simo Rista*

Lageplan / *Site plan*

*When a new housing estate with a large number of dwellings is built on a virgin site it is always difficult – for the inhabitants as a whole and for individual families – to create a sense of place, a unique location. The aim is, of course, that the residents should have a sense of well-being within the community and in their own intimate realm. In most cases, one aspect will predominate at the expense of the other; e.g. the private realm will function well, whilst the public realm, the process of living together in the new building, will be neglected. Using the idea of housing courtyards set along an access route, Raimo Teränne has tried to satisfy both requirements – private and public. The special quality of this example is the way all buildings are related to the main access route and to the individual housing courtyards, and the fact that various housing types are combined in a single structure.*

*As a result, it was possible to create a gradual transition from the public realm to the groups of buildings laid out around a courtyard (and indeed to the individual dwellings). The most striking aspect is the way Teränne succeeds not only in orienting the individual dwellings to a courtyard, but in creating additional small communal spaces that strengthen the feeling of groupings and communities of smaller numbers of dwellings.*

*In all there are 95 housing units. The groups consist of 10 to 12 dwellings laid out around a smaller open space. The smaller, ancillary structures, such as a sauna, a community centre with outdoor seating, or stores, enclose these open spaces and screen them off from the open countryside. On the street front, the communal courtyards are closed off by extended low walls. A small pergola and two walls create an entrance gateway or passageway. All this is achieved with simple means. There is nothing quaintly picturesque or affected about it. The pergolas, the fences round the private areas in the housing courtyards, the balconies, conservatories and fenestration are economically designed. On the other hand, this inelaborate architecture does not look simplistic. Variation is achieved by means of different buildings and different individual parts, the functions of which are legible on the outside. This is well illustrated by the building comprising a combination of multi-storey and terrace house types. There is no hierarchy amongst the various parts of the building. Both the smaller-scale and larger-scale elements have their own validity. Within the dwellings, too – particularly the smaller ones – there is quite clearly no hierarchy of main and ancillary spaces. All rooms are roughly of the same degree of importance.*

Vorgarten / *Front garden*

Vorgarten
*Front garden*

Spielplatz / *Playground*

Innenhof / *Yard*

Vorgarten
*Front garden*

Vorgarten
*Front garden*

Reparatur/Autostellplätze
*Repair / Parking places*

| 4-Zi.-Wohnung: | 1 | Wohnen |
|---|---|---|
| | 2 | Essen |
| | 3 | Küche |
| 2-Zi.-Wohnung: | 4 | Wohnen/Essen |
| | 5 | Schlafen |
| | 6 | Bad |
| | 7 | Küche |
| 3-Zi.-Wohnung: | 8 | Wohnen/Essen |
| | 9 | Küche |
| | 10 | Bad |
| | 11 | Schlafen |
| 3-Zi.-Wohnung: | 12 | Wohnen/Essen |
| | 13 | Küche |
| | 14 | Bad |
| | 15 | Schlafen |
| 2-Zi.-Wohnung: | 16 | Wohnen/Essen |
| | 17 | Küche |
| | 18 | Bad |
| | 19 | Schlafen |
| 2-Zi.-Wohnung: | 20 | Wohnen/Essen |
| | 21 | Küche |
| | 22 | Gemeinschaftshaus |
| | 23 | Lagerraum |
| | 24 | Fahrradschuppen |

*Wohnweg / Way of flat*

| *4-Room dwelling:* | *1* | *Living room* |
|---|---|---|
| | *2* | *Dining area* |
| | *3* | *Kitchen* |
| *2-Room dwelling:* | *4* | *Living-dining room* |
| | *5* | *Bedroom* |
| | *6* | *Bathroom* |
| | *7* | *Kitchen* |
| *3-Room dwelling:* | *8* | *Living-dining room* |
| | *9* | *Kitchen* |
| | *10* | *Bathroom* |
| | *11* | *Bedroom* |
| *3-Room dwelling:* | *12* | *Living-dining room* |
| | *13* | *Kitchen* |
| | *14* | *Bathroom* |
| | *15* | *Bedroom* |
| *2-Room dwelling:* | *16* | *Living-dining room* |
| | *17* | *Kitchen* |
| | *18* | *Bathroom* |
| | *19* | *Bedroom* |
| *2-Room dwelling:* | *20* | *Living-dining room* |
| | *21* | *Kitchen* |
| | *22* | *Community building* |
| | *23* | *Store* |
| | *24* | *Bicycle store* |

Erdgeschoss / *Ground floor*

**Backstube, Architekturbüro, Gewerbebetrieb und Wohnungen**
*Bakery, architect's office, commercial premises and dwellings*

**Wohlen**
**Schweiz /** *Switzerland*                                                  **1985 – 1986**

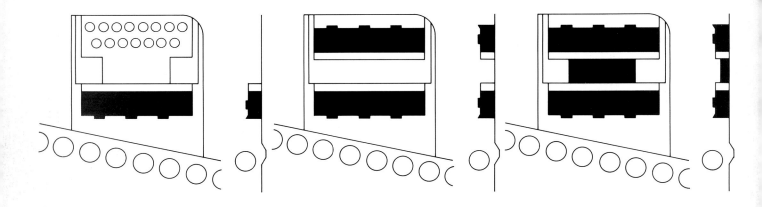

1. BA / *1st Phase*                  2. BA / *2nd Phase*                  3. BA / *3rd Phase*

Im Grunde genommen hatten die Häuser des Mittelalters eine ähnliche Konzeption: im Erdgeschoß waren die Räume zum Arbeiten, in den Obergeschossen die Räume des Wohnens organisiert. Es handelte sich aber um Stadthäuser, um Gebäude, die in einer Reihung standen und damit die Straßenräume bildeten. Das Neue an unserem Beispiel ist, natürlich neben seiner Gebäudeform, seine freie Lage in der Landschaft.
Die ideale Verquickung von historischer Gebäudeorganisation mit zeitgemäßer oder sogar in die Zukunft weisender Grundrißform führt zu einem Gebäudetyp, wie man ihn sich für viele Berufsgruppen vorstellen kann. Damit entsteht ein soziales Miteinander der Bewohner, das im Gegensatz zu dem Nebeneinander vieler Monostrukturen steht, die lediglich aus Geldknappheit entstehen: Reihenhausgruppen, die zu

nichts anderem dienen, als der preiswerten Unterbringung von Menschen. Häuser also, die nicht eine andere Form des Lebens ermöglichen, sondern unter Beibehaltung sozialer Hierarchien eher der Spiegel einer sich kaum verändernden Gesellschaft sind.
Eine Besonderheit ist, wie die zentrale Lage des Eßplatzes als Mittelpunkt des Familienlebens im ersten Obergeschoß inszeniert wird. Das erinnert auf der einen Seite an die Organisation symmetrisch angelegter Grundrisse; auf der anderen Seite entsteht im Gegensatz dazu ein freier Plan mit einem Bewegungsraum oder Rundweg innerhalb der Wohnung. Auch die durchhängende Dachform weist auf die Verschmelzung klassischer und moderner Architekturformen hin: der zentrale Raum wird zwar über ein auf das normale Dach aufgesetztes Oberlicht belichtet, seine

Form aber, wie auch die dadurch erreichte Lichtführung, haben eine zeitgemäße aktuelle Sprache.
Furter und Eppler haben einen Gebäudetyp entwickelt, der sich nicht nur unterschiedlichen Arbeitsformen anpassen lassen kann, sondern auch unterschiedlichen Familienkonstellationen im Wohngeschoß. So kann der Handwerker neben dem Akademiker arbeiten, und die kinderreiche Familie neben einer Wohngemeinschaft oder gar Singles wohnen. Es ist zu bedauern, daß dieser Gebäudetypus nicht ein Allgemeingut in Bauprogrammen darstellt, sondern sich durch Seltenheitswert auszeichnet. Neben den beschriebenen Qualitäten ist bemerkenswert, wie der Wachstumsprozeß einer Gebäudegruppe gedacht ist, der von dem Freistehen einer Zeile bis zu einer dreibündigen Anlage führen kann.

*J. und I. Kurtz*

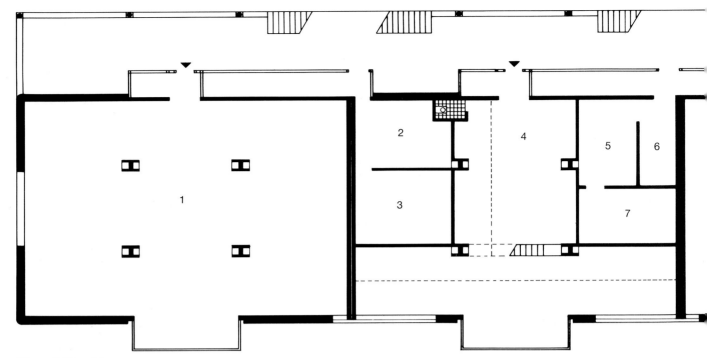

Ebene 0 / *Level 0*

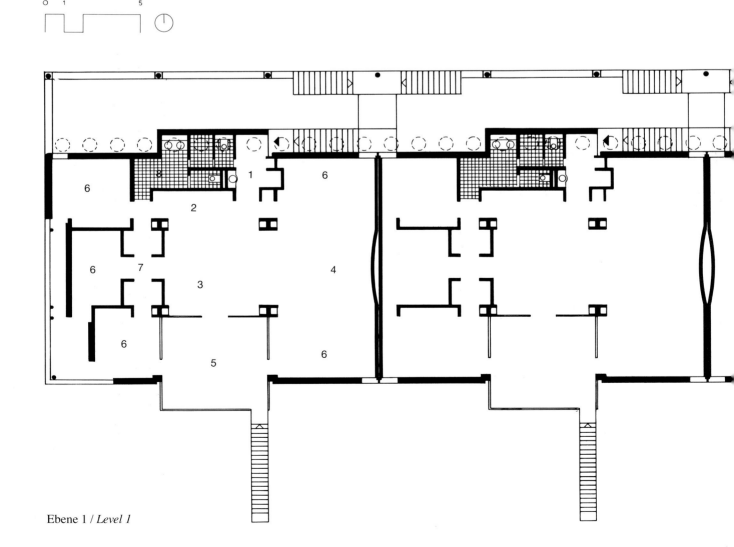

Ebene 1 / *Level 1*

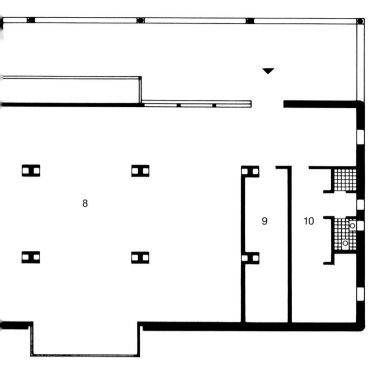

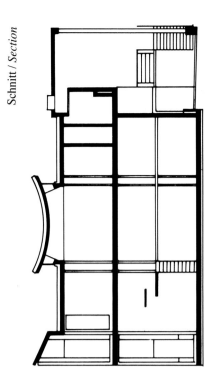

Schnitt / Section

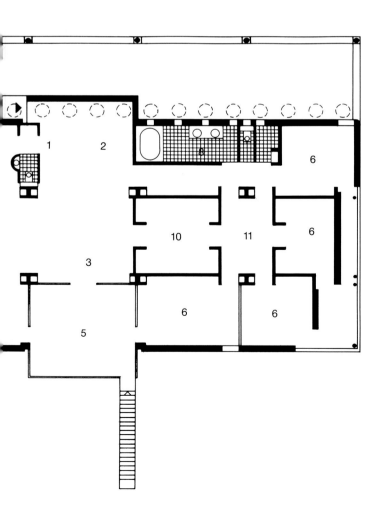

Ebene 0:  1 Gewerberaum
          2 Waschküche
          3 Bastelraum
          4 Architekturbüro
          5 Installation
          6 Heizung
          7 Siloraum
          8 Backstube
          9 Lager
         10 Aufenthalt

Ebene 1:  1 Diele
          2 Kochen
          3 Essen
          4 Wohnen
          5 Wintergarten
          6 Zimmer
          7 Schrankraum
          8 Bad
          9 Büro
         10 Bibliothek
         11 Arbeiten

Level 0:  1 Commercial space
          2 Laundry room
          3 Hobby room
          4 Architect's office
          5 Mechanical services
          6 Heating
          7 Silo space
          8 Bakery
          9 Store
         10 Staff area

Level 1:  1 Hall
          2 Kitchen
          3 Dining area
          4 Living area
          5 Conservatory
          6 Room
          7 Cupboards
          8 Bathroom
          9 Office / Study
         10 Library
         11 Working area

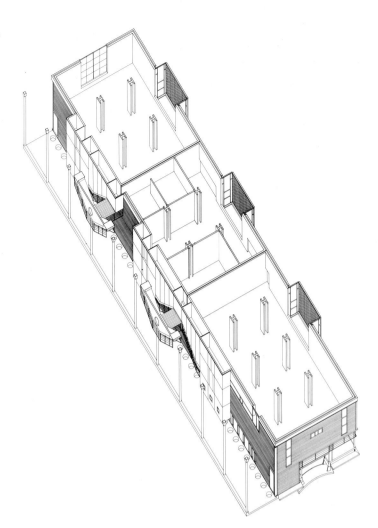

Generally speaking, houses built in
the Middle Ages were all based on a
similar concept. The rooms on the
ground floor were for work. Those on
the upper floors were organized about
the needs of habitation. This applies
specifically to town houses, of course,
buildings erected in a row and thus
forming street spaces. The new aspect
of the present example is – apart from
the form of the houses – that they are
built in the open landscape.
An ideal combination of historical
organization and modern or future-
oriented layouts produces a type of
building that one can well imagine to
be suited to a large variety of trades
and professions. The outcome is a
social mingling of residents that forms
a striking contrast to the adjacency
but isolation found in many mono-
structures, the design of which is

dictated by a shortage of funds; – in
other words, groups of terrace housing that have no other function than to
provide reasonably priced accommo-
dation for as many people as possible.
Such houses are not conducive to a
different way of life. On the contrary,
by maintaining social hierarchies,
they are a reflection of a virtually
unchanging society.
A special feature of the present scheme
is the central location of the dining
area on the first floor to form the focal
point of family life. On the one hand,
this recalls the symmetrical layout
plan; on the other hand, a free layout
is achieved with space to move around
– a circulation route within the
dwelling. The roof, with its downward
curve, also suggests a fusion of
classical and modern architectural
forms. The central space is illumi-

nated via a rooflight set on top of the
normal roof; but its form and the
resulting incidence of light speak a
topical, modern language.
Furter and Eppler have developed a
building type that can be adapted not
only to different forms of work, but, on
the housing storey, to different family
constellations. A tradesman can thus
work side by side with an academic. A
family with a large number of children
can live alongside flat-sharing
households or even single-person
households. It is regrettable that
housing of this type is a rarity, and not
a common feature of building programmes. In addition to the qualities
described, it is remarkable how the
scheme provides for the growth of a
housing group: from a free-standing
strip to a three-part complex.

*J. und I. Kurtz*

**Selbstbausiedlung / *Self-Help Housing***

**Isørevej**
**Rørvig**
**Dänemark / *Denmark***                                          **1985 – 1988**

In mitteleuropäischen Ländern ist Bauen ein Luxus, der nur einer begüterten Schicht möglich ist. Viele träumen von einer eigenen Wohnung oder einem eigenen Haus. Im Regelfall trifft das für junge Familien zu, die in einem Alter sind, in dem die eigenen vier Wände mit einem kleinen Garten die geeignetste Wohnform darstellen.
In Dänemark haben sich Carla und Axel Jürgensen mit dieser Problematik beschäftigt. Sie gingen bei ihrer Planung davon aus, daß Bauherren gerne selbst Hand anlegen, wenn damit Kosten gespart werden können. In Hochlohnländern sind ohnehin viele Menschen bereit, unter Umgehung teurer Handwerkerlöhne,

Reparaturen und kleine Arbeiten im Haus in Eigenarbeit durchzuführen. Neben dem Gedanken des Selbstbaus, der dem Projekt zugrunde liegt, ist die Planung von einer zweiten Überlegung geprägt: der Idee des wachsenden Hauses. Vielleicht reichen die Kosten nur für eine kleine Einheit. Gibt es dann bereits vorgedachte Erweiterungen, so sind diese in Schritten leicht zu bewerkstelligen. Die Siedlung besteht aus vierzehn quadratischen Grundeinheiten in Würfelform. Darüber ist ein Zeltdach mit einer Glaspyramide, die den Dachraum von oben belichtet. Die Außenwände sind elementierte Holzkonstruktionen, die gleichzeitig energietechnische Vorteile haben.

Das Besondere daran ist, daß die gesamte Konstruktion in wenigen Tagen errichtet werden kann. Trotz der elementierten Bauweise sehen sie aber gar nicht einem »Haus von der Stange« ähnlich, mehr einem liebevoll gezimmerten Holzhaus, das an traditionellen Bauformen orientiert ist. Daneben könnten die Würfel auch einer ökologischen oder baubiologischen Richtung zugeschrieben werden. Sie unterscheiden sich jedoch in einem wesentlichen Punkt von vielen Häusern der »Gesundheitsbewegung«: sie haben aufgrund ihrer Elementierung einen regelmäßigen, rechteckig organisierten Grundriß. Das tut ihrem Charme jedoch keinen Abbruch. Vielfalt bei ihnen entsteht

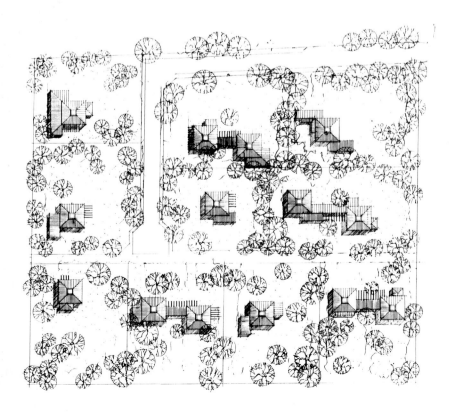

Lageplan / *Site plan*

128 durch die verschiedenen Anbaumöglichkeiten. Sie reichen von einer einfachen Pergola über einen Wintergarten, einen Lagerraum oder einen Carport bis hin zu einem weiteren Wohnraum. Die Erweiterungen beschränken sich jedoch auf die Umbauung des Erdgeschosses. Darüber bleibt sichtbar der Würfel, das Thema, das alle Häuser zusammenbindet.

Schon alleine bei der quadratischen Grundform kann unter verschiedenen Zuschnitten der Wohnung gewählt werden. Im Erdgeschoß sind im Regelfall Küche und Bad direkt nebeneinanderliegend vorgesehen. Vielleicht würde man sich das Bad eher im Obergeschoß denken. Dafür ist jedoch bei den angebotenen Lösungen die Leitungsführung von Küche und Bad wesentlich kürzer und damit auch kostengünstiger. Unter dem Oberlicht des Dachs ist der große Raum natürlich der schönste, aber auch hier kann der Grundriß in bis zu drei kleine Zimmer unterteilt werden.

Mit ihrer unterschiedlichen Färbung der Außenwände und der diagonalen Schalung verbreiten die Häuschen ein bißchen Ferienstimmung. Und damit beweisen sie, daß die teure Villa nicht die schönste Wohnform sein muß.

Typologie des Quadrates / *Square typology*

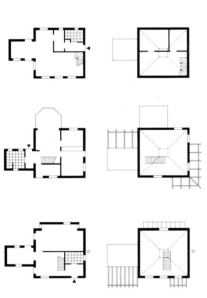

Ebene 0 / *Level 0*    Ebene 1 / *Level 1*

*In central European countries building is a luxury that only an affluent section of society can afford. Many people dream of a house or home of their own. This is especially the case of young families whose ideal is often to live within their own four walls with a small garden.*

*In Denmark, Carla and Axel Jürgensen have applied themselves to this theme. In their planning they assumed that clients would be willing to lend a hand themselves if that would reduce costs. In countries with high wage levels many people are prepared to carry out smaller-scale work and repairs in the home themselves, in order to circumvent expensive tradesmen.*

*In addition to the concept of self-help underlying the project, the planning incorporates a further theme: the idea of a house capable of growth. Perhaps the initial budget is only enough for a small unit. If extensions are planned at the outset, they can be easily realized in a series of steps at a later date. The estate consists of 14 basic units of cubic form built on a square ground plan. On top of the cube is a tent-like roof with a glass lantern light in the form of a pyramid that allows daylight into the roof space from above. The external walls are of prefabricated units in timber construction, which is also of advantage in terms of energy conservation.*

*The special feature of these houses is that the entire structure can be erected within a few days. In spite of the use of standardized elements, the scheme does not resemble mass-produced, off-the-peg housing. The individual buildings look more like traditional,*

*well-crafted, carpenter-built timber houses. The cubic structures can be regarded as an expression of an ecological or biological building philosophy. They differ in one decisive respect from many houses associated with the »health movement«, however. As a result of the use of standard, prefabricated elements, the dwellings have a square or rectangular ground plan – a fact that does not detract from their charm in the least. Variety is created through the various forms of extension. These range from the addition of a simple pergola, or a conservatory, store or carport, to the erection of a further habitable room. Extensions are limited, however, to the redesign of the ground floor. Above this level the basic form of the cube remains visible, the thematic link between all the houses.*

*Many different layouts are possible even within the square plan form. The kitchen and bathroom are situated next to each other on the ground floor, as a rule. One might think that the bath would be better located on the upper floor. But in the suggested solutions the service runs from the kitchen and bathroom are considerably shorter and therefore more economical. The large roof space under the lantern light is, of course, the most attractive space in the house. Here, too, the layout can be divided up – into a maximum of three small spaces if required.*

*With the different coloration of their outer walls and their diagonal fascia boarding, the houses radiate a certain holiday atmosphere, thus proving that the expensive villa is not necessarily the most attractive form of housing.*

*Bo Jürgensen*

**Siedlung Ried W 2 /** *Ried W 2 Estate*

**Niederwangen BE**
**Schweiz /** *Switzerland*                                   1983 – 1991

Kein Baumaterial unterliegt so heftiger Kritik wie der Beton. Er ist zum Synonym für all das geworden, was der Soziologe Alexander Mitscherlich in einem Buch über Stadtleben mit dem bekannten Titel »Die Unwirtlichkeit unserer Städte« zusammenfaßte. Beton steht für alles Negative in der gebauten Umwelt. Das Material eignete sich nun einmal besser als viele andere für große Bauaufgaben.

Es kann aber nicht ein Baustoff für einen beklagenswerten Zustand verantwortlich gemacht werden. Es bleibt immer die Frage, wie man damit umgeht. Daß es auch andere Wege gibt, zeigen die Arbeiten des Büros Atelier 5. Schon in ihren frühen berühmten Bauten in den fünfziger Jahren verwenden die Architekten Stahlbeton. Man kann sagen, daß es ein Markenzeichen für das Atelier ist. Wenn man heute diese Gebäude betrachtet, so erkennt man nach wie vor ihren hohen Wohnwert. Der Beton hat eine Patina bekommen, die in ihrer Oberflächenstruktur und Färbung mehr mit der Natur in Einklang steht, als jedes farbige geputzte Gebäude.

Auch die Siedlung Ried ist aus Stahlbeton gebaut. Sie macht von außen einen sehr geschlossenen, dichten Eindruck. Im Wechsel von Fensteröffnungen und der Stahlbetonwände entsteht das Bild eines kleinen Stadtkörpers, der sich zur Natur hin abgrenzt. Es ist wie das historische Bild einer Stadt, die man durch Nahtstellen betreten kann, um innen großzügige Plätze für die Gemeinschaft vorzufinden.

Tatsächlich gibt es in Ried zwei großzügig bemessene Innenhöfe. Sie sind der Freiraum, der im Kontrast zu der Umgebung steht, die selbst keinen Halt bietet. Damit entsteht ein Ort für die Bewohner, der unverwechselbar ist und der sich von den indifferenten Situationen der Neubaugebiete unterscheidet.

Um die quadratischen Innenhöfe wird eine regelmäßige Struktur entwickelt, die bei genauem Hinsehen eine Vielfalt von unterschiedlichen Wohnungstypen ermöglicht. Haben nicht auch alte Stadtstrukturen immer wieder ein ähnliches Maß von Hausgrößen? Und sind nicht auch die Gebäude trotz ihrer ähnlichen Bemessung ganz unterschiedlich? In Ried sind es zwei Gebäudetypen, die das Ensemble ausmachen: die quadratischen Häuser, die als Eckpunkte die Dimension der Siedlung bestimmen und die gereihten Gebäudezeilen zwischen diesen Eckpunkten.

Für die unterschiedlichen Wohnungsgrößen, vom Studio bis zur 5 ½ Zimmer-Einheit spricht die Durchmischung, die man erreicht. Um eine flexible Benutzung der großen Wohnungen zu gewährleisten, haben die Architekten ähnlich große Raumeinheiten gewählt. Zimmer können in ihrer Nutzung wechseln und sind durch ihren Zuschnitt und ihre Größe nicht auf eine bestimmte Funktion festgeschrieben.

Wie im gesamten, so ist auch innerhalb der Wohnung der Gedanke von Gemeinsamkeit bei gleichzeitiger Mischung erkennbar. Auch die Erschließung der einzelnen Einheiten ordnet sich der gesamten Struktur unter, wenn auch die Wege zur Wohnung je nach Typ unterschiedlich angeordnet sind.

Man erkennt den Gedanken der Zweckmäßigkeit. Die Frage der Form oder Schönheit ist nicht das Primäre. Wichtig ist der einzelne so wie die Gemeinschaft, denen das Haus zu dienen hat. Nichts anderes geschieht auch in den kleinen italienischen Städtchen, die wir so schön finden, wo die Häuser einer Ordnung unterliegen und einheitlich aus einem Material gebaut sind – aus grauem Stein – wie die Siedlung in Ried.

*Terence du Fresne*

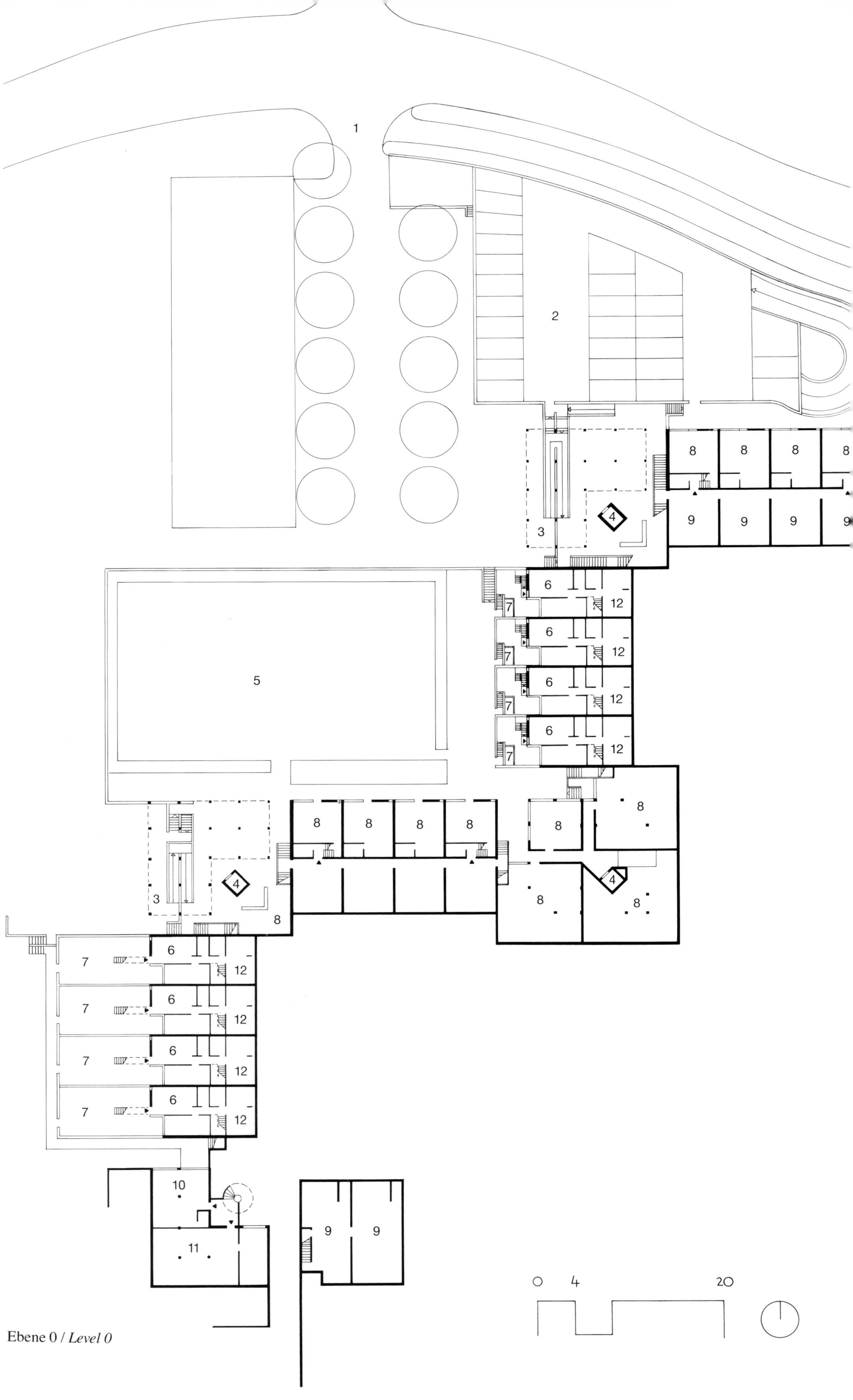

132

1

2

8　8　8　8

9　9　9　9

3

4

6　12

7

6　12

7

6　12

7

6　12

7

5

8　8　8　8

3

4

8

8

8

4

8

8

8

8

7　6　12

7　6　12

7　6　12

7　6　12

10

11

9　9

○　4　　　2○

○

Ebene 0 / Level 0

No building material has been subject to such vehement criticism as concrete. It has become a synonym for all the ills the sociologist Alexander Mitscherlich described in his well-known book on the urban condition, »Die Unwirtlichkeit unserer Städte«. Concrete represents all the negative aspects of our built environment.

One has to recognize the fact, however, that this material is better suited than many others to large-scale construction. Furthermore, the blame for deplorable conditions cannot simply be attributed to a material. There is always the question of how one uses it. That there are other ways of handling it is demonstrated by the work of Atelier 5. Even in their famous early designs dating from the 1950s the architects already used reinforced concrete. In many ways it has become a trademark of their office. If one looks at these buildings today, their high habitable quality is still evident. The concrete has acquired a patina that, in surface texture and coloration, is more in harmony with nature than any façade with painted rendering.

The Ried Estate is also built of reinforced concrete. From the outside it has a hermetic, introverted appearance. The interplay of window openings and concrete wall surfaces creates an impression of a small urban organism set off against nature. It resembles the historic image of a town that one can enter at certain threshold points, and where one finds on the inside generous public open spaces. In fact, there are two generously proportioned internal courtyards in Ried. These public open spaces create a contrast to the general surroundings, which provide no strong points of reference. These spaces thus help to create a unique location for residents,

one that differs considerably from the nondescript situations of many other new developments.

A regular structure is drawn around these square courtyards. On closer examination, however, one finds a whole range of different dwelling types. Do old urban structures not also possess a similar scale of housing and dwelling sizes? And despite the similarity of dimensions, aren't the individual buildings extremely varied? In Ried the ensemble is made up of two building types: the square blocks at the corners that determine the scale of the estate; and the rows of housing between these blocks. The mixture of dwelling types is revealed in the different unit sizes – from studio apartments to 5 ½-room dwellings. In order to guarantee a flexible use of the large dwellings, the architects have designed spatial units of similar size. Individual rooms can be put to various uses. Their layout and size mean that they are not restricted to a certain function.

In the individual dwellings, as in the development as a whole, one can recognize the idea of homogeneity and mixture. Access to the individual units also conforms to the overall structural idea, although the routes to the various dwellings are laid out differently, according to type.

One recognizes the concept of utility. Form or beauty are not the primary considerations. The individual and the community are important here, both of which the building is meant to serve. This is precisely the principle underlying those little Italian towns we find so attractive, where the houses are subject to a certain order and are built of a uniform material – grey stone – like the estate in Ried.

133

| Ebene 0: | | Level 0: | |
|---|---|---|---|
| 1 | Zufahrt | 1 | Access |
| 2 | Parken | 2 | parking |
| 3 | Rampe | 3 | Ramp |
| 4 | Aufzug | 4 | Lift |
| 5 | Spielen | 5 | Play area |
| 6 | Wohnung | 6 | Dwelling |
| 7 | Garten | 7 | Garden |
| 8 | Luftraum | 8 | Void |
| 9 | Keller | 9 | Basement |
| 10 | Atelier | 10 | Studio |
| 11 | Gemeinschaftsraum | 11 | Communal space |
| 12 | Reduit | 12 | Chamber/Reduit |

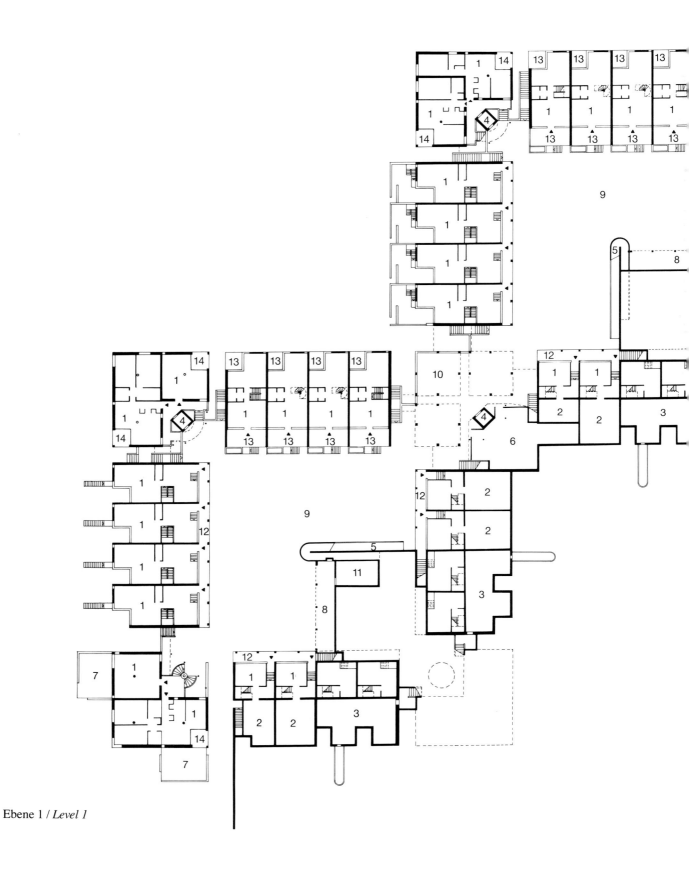

Ebene 1 / *Level 1*

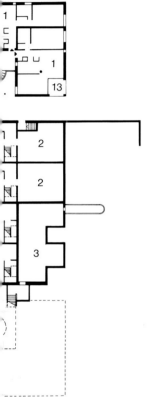

Terence du Fresne

**Stadthäuser am Luisenplatz** / *Urban Housing, Luisenplatz*

**Berlin**
**Deutschland** / *Germany*                                           **1983 – 1987**

*Lageplan* / *Site plan*

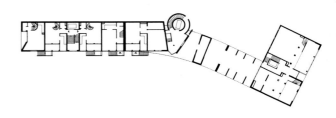

Haus 1 / *Block 1*            Haus 2 / *Block 2*            Haus 3 / *Block 3*

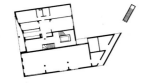            

*Uwe Rau*

140 Es gibt auf der Fahrt durch die Stadt plötzliche Entdeckungen, die einem den Atem rauben. Das können Situationen, Ereignisse oder vieles mehr sein. Ganz selten ist es ein neues Haus, das nicht nur wegen seiner enormen Größe in das Auge springt, sondern das ganz einfach auch hinreissend schön ist. Vielleicht erkennt man gerade noch, daß es sich um einen Wohnblock handelt, einen Superblock, wie es ihn aus den zwanziger Jahren in wenigen Exemplaren gibt. Dann fährt der Bus jedoch weiter, man muß den Kopf immer weiter verdrehen, bis das Haus im Gewirr der anderen verschwindet. Dieses Haus, vielmehr diese Häuser gibt es. Es sind die zwei Wohnblöcke von Hans Kollhoff in Berlin. Fährt man vom Flughafen in das Stadtinnere, so kann man bei der Fahrt über den Luisenplatz kurz die Gebäude bewundern, wenn man nicht nach rechts den Blick auf das Charlottenburger Schloß bevorzugt. Bei beiden Gebäuden, dem ältesten wie dem jüngsten, handelt es sich um große Volumina, die städtebaulich ordnend wirken. Das ist bei alten Schlößern etwas normales, es wird nichts anderes erwartet. Aber für Wohn-

bauten aus heutiger Zeit gilt das nicht mehr. Sie haben nach dem Geschmack der Allgemeinheit einen »menschlichen Maßstab« zu haben. Großen Gebäuden, vor allem solchen, die etwas länger und höher als die Normalität sind, spricht man die Menschlichkeit ab. Ist das Kollhoff'sche Haus nun unmenschlich? Wenn wir den Lageplan studieren, können wir erkennen, wie die zwei Blöcke eine räumliche Kante bilden, die die kleinteiligen Gebäudestrukturen der Gründerzeit ordnen. Zwischen einer niedrigen, ebenfalls neubauten Zeile und der weithin sichtbar höheren Kante des Kollhoff'schen Hauses entsteht ein ruhiger Platzraum. Der dem Fluß zugewandte Bauteil hat dieselbe Fassade wie der entgegengesetzt plazierte Gebäudeblock. Aber das Auge hat schnell registriert, daß diese Gebäude im Grunde genommen eins sind, so klar und einprägsam ist die Fassade gestaltet. Der westliche Block durchschneidet mit einer gewissen Skrupellosigkeit den Rest einer Gründerzeitbebauung. Das ist eine ganz unerwartete Idee, die aber wegen der städtebaulichen Fassung einleuchtend ist. Das Auffallende ist die Wintergarten-

verglasung. Sie ist nicht nur großzügig, sie ist auch durch die schlanke Profilierung der Stahlglasfassade sehr elegant. Am liebsten würde man gerne einmal hinter dieser Glashaut stehen und die Situation umgekehrt sehen. Aber auch unter dem großen Flügel über dem Dach, von dem man weiß, woher er gestartet ist, möchte man gerne mal stehen. Unter dessen schöner Rundung hätte man einen schönen Blick auf das Schloß... Wenn man das Haus einmal gesehen hat, wird es einen immer wieder beschäftigen. Wie ein Schloß wird es zum Orientierungspunkt in einer großen Stadt. Den Häuserzeilen, die einen weiter in die Stadt begleiten, dient es als Kopf. Es tut viel für den Menschen, der als Passant einen neuen Orientierungspunkt gefunden hat.
Und was tut es für den Bewohner? Er findet sich in einer ganz »normal« geschnittenen Wohnung wieder, mit dem Vorteil eines Wintergartens, der nicht nur eine klimatechnische Verbesserung, sondern gleichzeitig einen Lärmschutz bietet. Die Hauptsache ist aber der städtebauliche Aspekt: ein großes schönes Haus, mit dem man sich identifizieren kann.

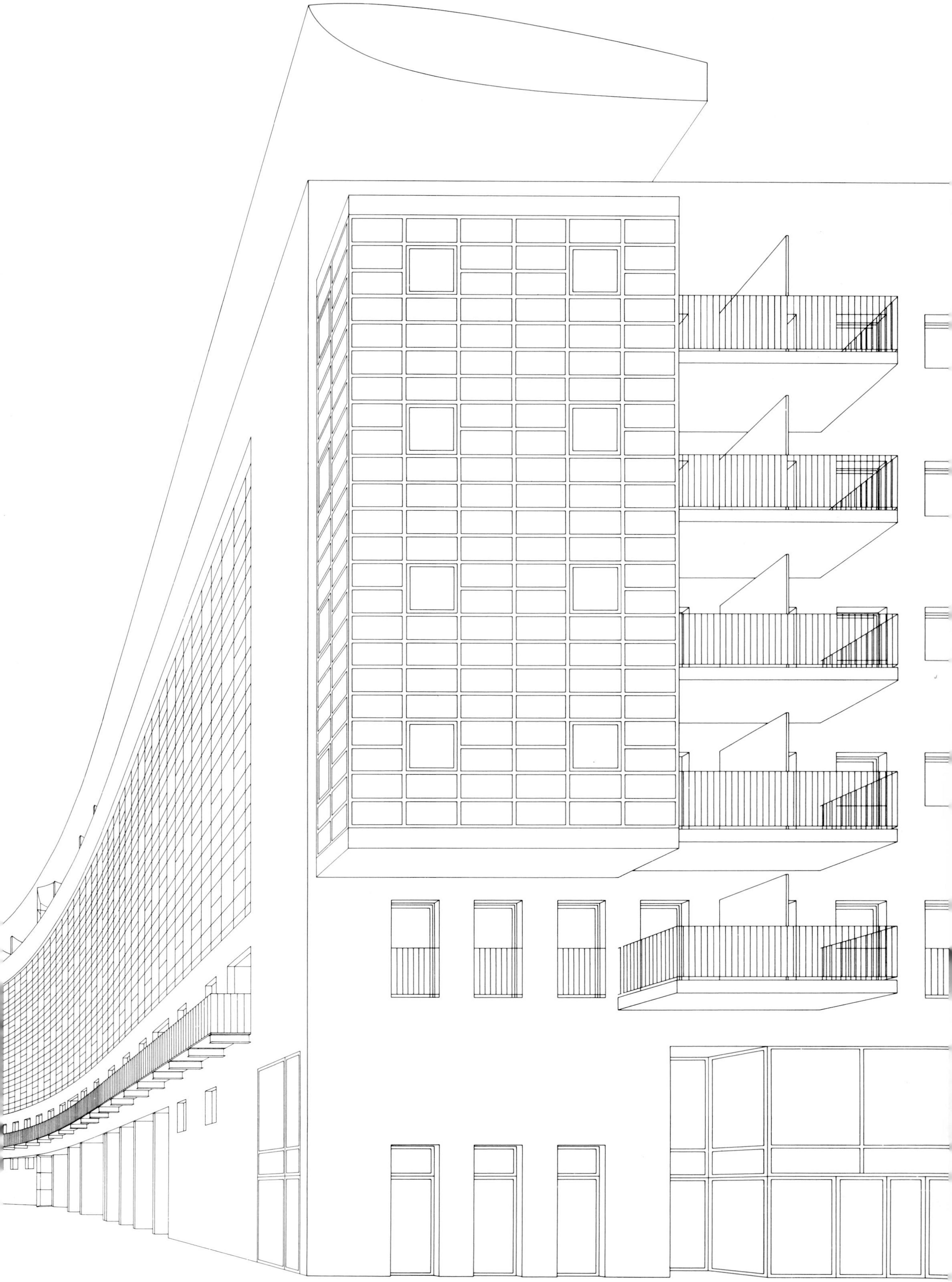

142

Driving through a city, one sometimes discovers things that take one's breath away. They may be in the form of certain situations or events, or a variety of other things. But rarely is it a new building that catches the eye, not merely because of its enormous size, but with its overwhelming beauty. Perhaps one just has time to recognize that it is a housing block, a superblock in the mould of those 20s buildings of which there are so few examples. Then the bus moves on and one has to crane one's neck more and more, till finally the building disappears in the confusion of the city. Such a housing block, or rather such a complex of houses, does exist – the two blocks of dwellings by Hans Kollhoff in Berlin. If one drives from the airport to the city centre, these buildings can be admired briefly as one crosses Luisenplatz – if one's attention is not distracted to the right by the view of Charlottenburg Palace. Both buildings – the older and the newer – are of large volume and constitute dominant points of reference in the urban structure. For an old palace building that is something perfectly normal. One wouldn't expect anything else. But that is no longer the case with modern blocks of housing.

According to popular taste, they should have a »human scale«. Large structures – particularly structures that are somewhat longer and higher than usual – are regarded as inhuman. Is Kollhoff's building inhuman, then? A study of the site plan shows that the two blocks form a defining edge to a space and impose an order on the surrounding smaller-scale urban fabric dating from the »Gründerzeit« – the period of industrial growth in Germany after 1871. A quiet open space is created between another newly built strip and the higher edge of the Kollhoff block, which is visible over a long distance. The section of the development facing the river has the same façade as the block opposite. But the eye quickly registers that the façades are designed in such a clear and memorable manner that the two buildings really belong together and form a single whole. The western block shears with a certain lack of scruple through the rest of the »Gründerzeit« development. The idea is surprising but entirely convincing, in view of the way it holds together the urban fabric. The most striking feature is the conservatory glazing. It is not merely generous in extent; it is also extremely elegant, due to the slender

profiles of the steel members. One would like to stand behind this glass skin and see the situation from the opposite perspective. In a similar way, one would like to stand beneath the great wing over the roof; (one knows from where this idea took flight). Here, under this sinuous curve, there is certainly a marvellous view of the palace.

Having seen this building, it will return to one's thoughts over and over again. Like a palace itself, it will become a landmark, a point of reference in a metropolis. It forms the head of the rows of housing that accompany the traveller on his way into the city. And it means a lot to the passer-by who discovers in it a new point of orientation. What does it do for its occupants, though? They find themselves in perfectly normally laid out dwellings, with the advantage of a conservatory that provides an improvement not only to the indoor climate, but also to the sound insulation. The most important aspect of the building, however, is the role it plays in the urban planning of the area: a large, fine structure with which one can identify.

*Studio Ivan Nemec*

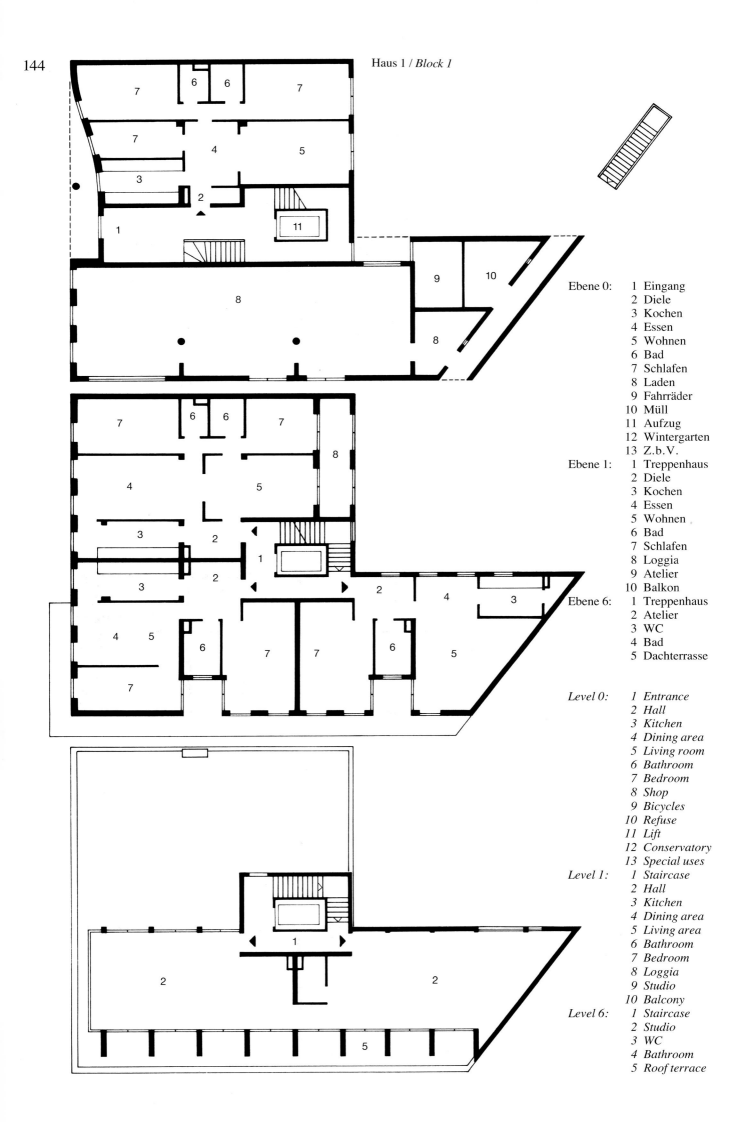

144

Haus 1 / *Block 1*

Ebene 0:   1  Eingang
2  Diele
3  Kochen
4  Essen
5  Wohnen
6  Bad
7  Schlafen
8  Laden
9  Fahrräder
10  Müll
11  Aufzug
12  Wintergarten
13  Z.b.V.

Ebene 1:   1  Treppenhaus
2  Diele
3  Kochen
4  Essen
5  Wohnen
6  Bad
7  Schlafen
8  Loggia
9  Atelier
10  Balkon

Ebene 6:   1  Treppenhaus
2  Atelier
3  WC
4  Bad
5  Dachterrasse

Level 0:   *1  Entrance*
*2  Hall*
*3  Kitchen*
*4  Dining area*
*5  Living room*
*6  Bathroom*
*7  Bedroom*
*8  Shop*
*9  Bicycles*
*10  Refuse*
*11  Lift*
*12  Conservatory*
*13  Special uses*

Level 1:   *1  Staircase*
*2  Hall*
*3  Kitchen*
*4  Dining area*
*5  Living area*
*6  Bathroom*
*7  Bedroom*
*8  Loggia*
*9  Studio*
*10  Balcony*

Level 6:   *1  Staircase*
*2  Studio*
*3  WC*
*4  Bathroom*
*5  Roof terrace*

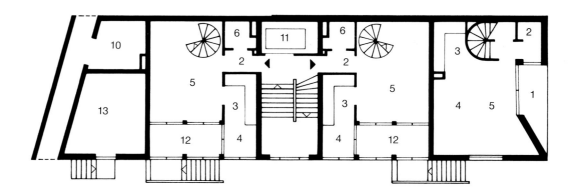

Ebene 0 / *Level 0*

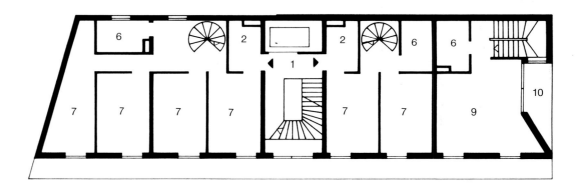

Ebene 1 / *Level 1*

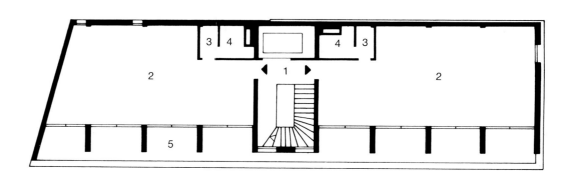

Ebene 6 / *Level 6*

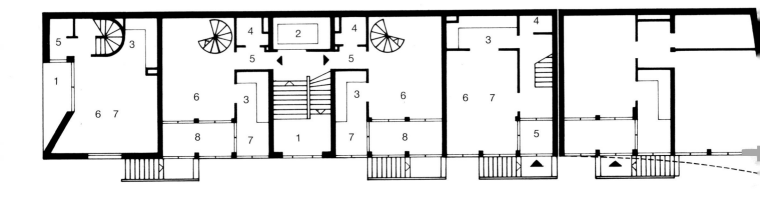

Ebene 0 / *Level 0*

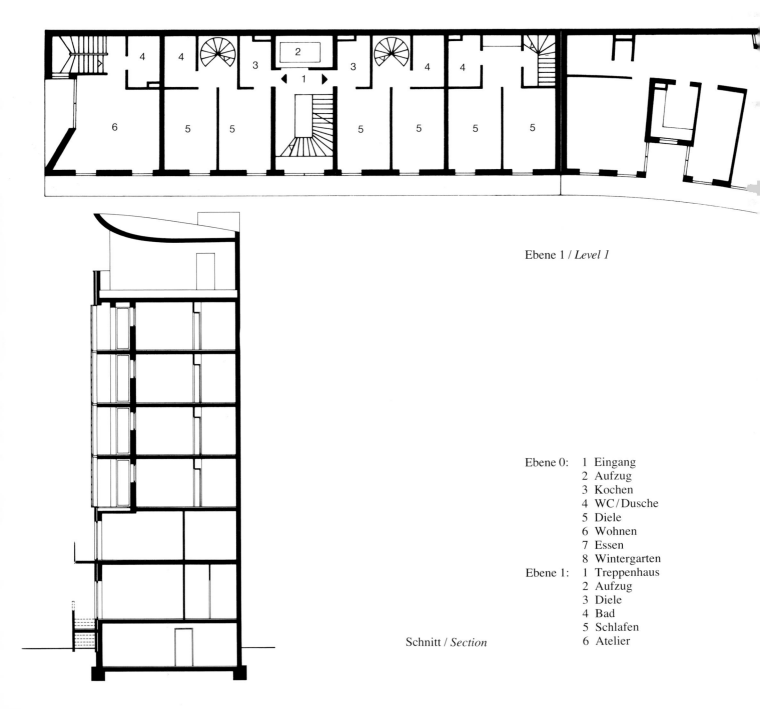

Ebene 1 / *Level 1*

Schnitt / *Section*

Ebene 0:  1  Eingang
         2  Aufzug
         3  Kochen
         4  WC/Dusche
         5  Diele
         6  Wohnen
         7  Essen
         8  Wintergarten
Ebene 1:  1  Treppenhaus
         2  Aufzug
         3  Diele
         4  Bad
         5  Schlafen
         6  Atelier

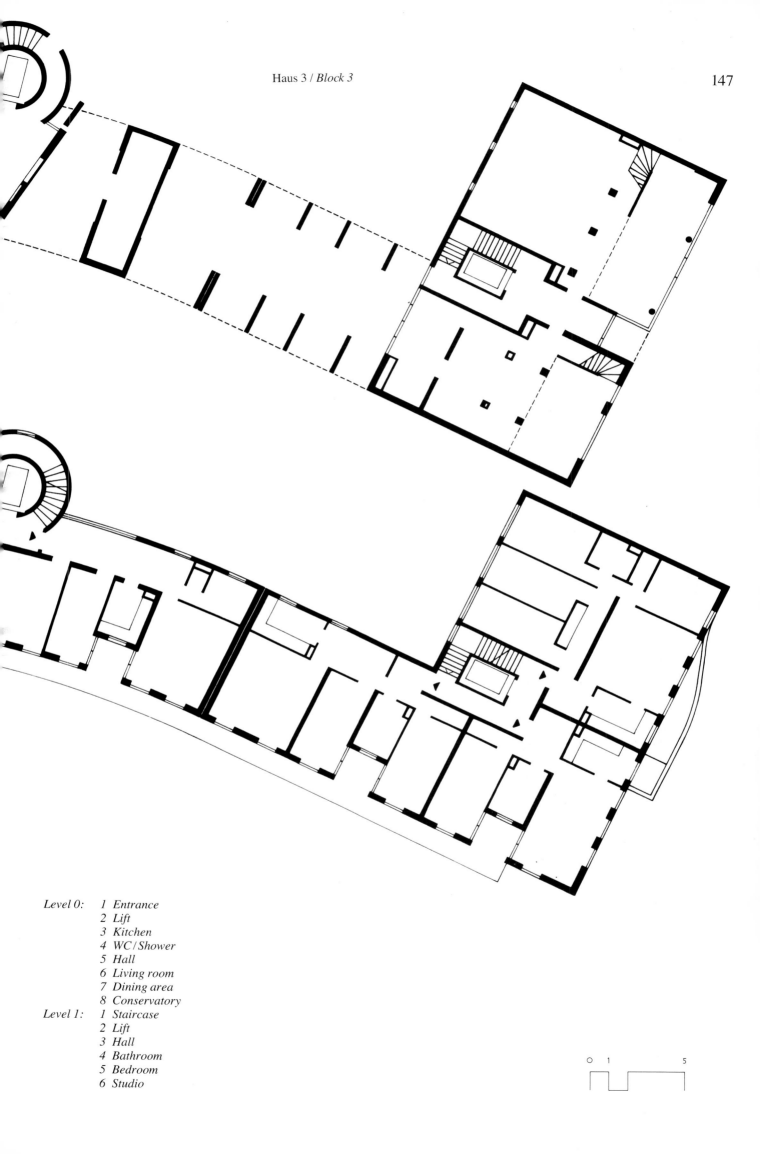

*Level 0:*   *1  Entrance*
             *2  Lift*
             *3  Kitchen*
             *4  WC / Shower*
             *5  Hall*
             *6  Living room*
             *7  Dining area*
             *8  Conservatory*
*Level 1:*   *1  Staircase*
             *2  Lift*
             *3  Hall*
             *4  Bathroom*
             *5  Bedroom*
             *6  Studio*